著者近影（撮影＝笹井孝祐）

昭和52年４月、仙台の全日本剣道八段選抜優勝大会決勝戦で堀籠敬蔵氏と立ち合う（審判・小島主範士）

左から優勝・堀籠敬蔵、準優勝・倉澤照彦、第３位・堀井誠㗾、奥山京助の各氏

昭和60年２月、日本武道館開館20周年記念日中親善武道演武交流大会・第８回日本古武道演武大会にて学生時代からの師中倉清範士(74歳)に稽古を願う(62歳)

左から立会・堀口清、日本剣道形打太刀・小中澤辰男、仕太刀・中村伊三郎、元立・中倉清、かかり手・楢崎正彦、倉澤照彦、中村毅、原田哲夫、福之上里美の各氏

日本体育大学剣道場にて（撮影＝徳江正之）

生涯錬磨

剣道稽古日誌

倉澤照彦

まえがき

これが私の稽古反省抄だといえば、幼稚だ、手前勝手の内容だと一蹴されるのを覚悟し、恥も外聞もなく、皆さんの前に出してみた。こんなの相手にならんと笑われる。笑われてもどう思われてもよい。自身で考え挑戦し続けたもので、格好をつけるつもりもない。この時点で最善を尽くした思いである。まだまだ不足を感ずるが、取り組みの悪い証しである。精進以外にない。

一、古い教え子から、私の稽古について聞かれたのが始まりである。書き留めた日記抄があった。これをつとめて忠実に、ありのままに、世に残しておきたいと思った。こんな内容ではの戸惑いもあった。記憶違い、記載洩れとともに生来の文才の拙さと重なり、恥じ入る内容である。

二、相手をしていただいた諸先生方、先輩、同輩、後輩の多くの方々にご批判をいただくと、まったく私とは異なる見解、解釈もあろうと思う。これらはすべて私なりの解釈で、私の自負心、うぬぼれのあらわれから、多分に不快の念をお与えし、失礼なことも多くあると思う。ご寛恕を願う次第である。

三、昭和四十八年五月、五十歳でやっと剣道八段に昇段させていただいた。恥ずかしくない剣道は、本格的な修行は、と気負った。周囲の元立ちの遥かなる高段の先生方、中堅、若手の先生たちを目のあたりにし、強い挑戦の心が生まれ、自分の修行はこれからだという覚悟を固めた。当時の合同稽古などは格別な盛り上がりがあり、圧巻だった。
四、昭和五十一年（五十三歳）～六十二年（六十四歳）の十二年間の反省抄である。三十歳代から四十歳代は無我夢中で、余裕のない日々はメモすらほとんど書くことがなかった。昭和六十三年以降も特別以外はほとんどメモなしで終わっている。なぜか言い訳がましいが、またお叱りを受けるかもしれないが、元立ちの機会がだんだん多くなり、今までの挑戦が受け身となった。正直、安易な気持ちもなくはなく、立ち合ってきてしまっている。遺憾とは思えど遅しである。
五、一撃をめざし、子どもから大人へと、いうにいわれぬ努力を重ねているが、その難しさははかり知れない。打たれないで打つ問題を抱えながらの苦慮である。古い先達の修行の苦労も知らず、またその機を安易に、夢中とはいえ過ごした、研究不足ばかりであった。大きな反省である。
六、元立ちの先生の「打たせないね」の一言も、次回の稽古には逆にほとんど通ぜず、打てないで終わった。こんなはずではないぞと思えど、腕の違いそのものだった。励ましの一言としたが、一喜一憂するなの教えでもあった。ずいぶんあとになって気づいた鈍なれど感慨深いものだった。
「継続は力なり」という。漠然と続けていても継続ではある。しかし、一日一日、一回一回の立ち合いを反省工夫してこそ生涯錬磨の道であり、真の継続であろうと身をもって感じた。今思えば取り返しのつかない無念さも残る。

目次

装丁　岩田次男

一、懸かって懸かり抜く稽古が必要である

——（昭和五十一年）

過ぎたる打とう打とうは良くない

小川忠太郎範士九段（東京）
昭和五十一年一月二十二日　午後六時
全剣連合同稽古会　日本武道館

　真っ直ぐに面打つも全部小川先生の剣先がわが突き部にあり、その数覚えず。ただ一本のみ、かろうじて竹刀越しに先生の面上にいく。気しきりに焦り打ち込むも、小手を押さえられ胴を打たれて散々。また、たまに先生から面を打たれる。無心にと思えども、いつ打たるるかを思案する情けなさ。先生の面一本打ちは驚き、感嘆する。膝がお悪いようなるも、その蹲踞不自由なしのように見え感心する。

堀口清範士九段（東京）
昭和五十一年一月二十二日　午後六時
全剣連合同稽古会　日本武道館

　剣先の働き、常にわが咽喉部をじりじりと圧し、われを休ませぬ。気抜かせぬ攻めの圧迫を強く感じた。やむなく苦しまぎれに打ち込む面も当たらず。わが気勢の崩れは如何せん。小手から面に渡るも通ぜず。かつぎ小手も通ぜず。ますます焦りて手打ちとなり、腰残れるを感ず。じりじりと詰め寄る剣先の攻めに攻め返しのすべもなく、六尺のわが身、気と体が押し上げられ、懸かり稽古、切り返しで終わる。先生の相手を休ませぬ手元の強さ、足の運び、押さえ小手のうまさに兜を脱ぐ思い。

大野操一郎範士八段（東京）

昭和五十一年一月二十二日　午後六時
全剣連合同稽古会　日本武道館

先生七十四歳、二度目の対戦。最初は私の七段時代である。今回は八段昇段後初めての立ち合い。攻められても、〝何を〟の気勢の強さを少々ながら持ち得た。いわゆる〝攻め負けないぞ〟、今までと少々違う自分に驚く。ただわが面の打ち、体当たりに少しも動かず。驚くほどの腕、腰の強さは、返し胴の上手さとともに印象強く残った。切り返しで終わる。

中倉清範士八段（東京）

昭和五十一年二月五日　午前六時
日体大寒稽古　大学道場

約一年ぶり、八段に昇段し、久しぶりの挑戦となる。一番始めにお願いする。

立ち上がり数秒剣先の攻め、表裏より探りに来た。われ負けじと攻め、気引きしめる。されど休ませないぞの気力に圧倒される。

思い切っての出端ねらいのわが面打ちも、巧みに一、二歩退き剣先をわが胸につけて防がれる。小手〜面と仕掛けるもまた同じ。かつぎ小手もまた同じ。剣先をわずかに右に開いても通ぜず、やむなく面に乗るも足りず、ほとほと閉口する。焦りを押さえて先生の出に合わせんと我慢するも、我慢しきれず出小手打たれる。

少し間合の近き分かれ際、上側からの小手打ちには参る。わが小手打ちを、先生防ぐと同時に面へ。また退いてはならんと思う端を打たれるは情けない。そして、わが竹刀を押さえ込みながら胴の一本打ち。こうなると、ペースは相手のもの。息の上がりは少々だったが、内容は一方的で散々なもの。小手一本押さえしも、これはまぐれとしかいえない。切り返しで終わる。

反省

一、相手の退くを見ることができなかった。

二、動いた瞬間への小手あるいは面が打てなかった。

三、われが「退いて見る」は最も駄目。

四、相手の胸、咽喉に剣先がつけられなかった。気分が浮くゆえか。

五、剣先が後半まるで浮く。ゆえに攻めが利かなかった。

菅原恵三郎範士八段（北海道）

昭和五十一年二月七日　午前六時

日本大寒稽古　大学道場

約一年半ぶりの立ち合いをお願いした。

剣先での攻めは厳しく、われ面を打つ回数多いが、先生の剣先、わが突き部にあり、いずれも会心の面とならず。やむを得ず押さえ気味に小手〜面に出て、ようやく剣先を外し得たが、しかし稀なる回数なり。先生のかつぎ面、かつぎ小手と打ち来るを、退かずに打たれざるは良しとするも、なぜ小手に出てこれを押さえられぬか残念。かたちは退かずとも、気分は引いて居りしためか、と。また相手の気迫に負けしためか、あるいは居つきしためか、反省しきり。とくに鍔ぜり合いからの引き小手を何回も同じように打たれた。一本の打ちで五本分の価値あるような立派な小手をいただく。気の抜けた鍔ぜり合いを悔やむ。先生の誘いに乗じた結果、間を取ることができなかった。ここを忘れまいぞと誓った。

先生小柄なるも足のさばきは抜群に良く、われしばしば攻め込まれ、打たれる。二段打ちなど、あっという間もなし。総じて小柄な方々は腰下の使い方が素晴らしい。先生はそれを代表する足さばきである。

中村伊三郎範士八段（東京）

昭和五十一年二月八日　午前六時
日体大寒稽古　大学道場

三年くらい前の京都武徳殿以来のお手合わせである。

攻め合うも全く機なく、われやや焦りから仕掛けて面、小手～面と打って出るが通ぜず。やむなく、われかつぎ小手へと出んとする出端へ先生の諸手突きを見事に受ける。わが意を読まれたと反省。次は捨て身の面一本しかないと出端をねらい、間合をじりじりと詰めての跳び込み面は決まった。また、鍔ぜり合いからの引き小手も決まる。続いて小手を攻め、突きへ出ると、これも決まる。われは突こうとした意識のものではなかった。無意識の意識とはこういうことかと考えさせられた。

中野八十二範士八段（東京）

昭和五十一年二月十二日　午前六時
日体大寒稽古　大学道場

八段合格後三年近くになるが、運悪くお願いの機会なく今日に及び、勇躍して立ち合う。

攻め合いに入り、われ捨て身の正面打ちをと機をねらうが、先生少しもわが攻めに動ぜず、打てない。先生表裏からわが剣先を押さえ、なやし、間合に詰め入る。われの面打ちも簡単に返し胴へ。次の打ちは、体当たりで先生の返し胴を防ぐも、自分の打ちが少しものびられず。かつぎ小手も通ぜず、速い小手～面も防がれて手立てなし。先生その後、間合にすうっと入りかつぎ小手一本、近間からの小手～面一本、退き際を面一本というように鮮やかに決める。打たれ放しにわれ焦りのみ……。気分はうわずり、呼吸も乱れがち、集中力もどこへやらというていたらくでの完敗は遺憾……。われ開き直ってこの後、先生の面打ちをわが剣先を先生の突き部へつけ防ぐ。過ぎたる打とう打とうは良くない。

反省

一、充実した気迫、構え、防ぎ、攻め、打突は中途半端でやってはならぬ。

二、掛け声もつとめて腹から大きく、気勢の充実だ。

三、攻め負けない。これも気の問題だ。

大野操一郎範士八段（東京）

昭和五十一年二月十三日　午前六時
日体大寒稽古　大学道場

小手を一本、出端の面を二本、出小手一本を打たせていただく。まぐれ当たりか錯覚か。先生、右足が大変悪そうで蹲踞はことのほか不自由。しかし姿勢、構えは堂々としておられる。見習うべきだと感じた。

先生いわく「のびのびの面、小手～面は素直でなかなか良い。しかし、ただ打つのではなく、小手を攻め、敵をおびやかし後に面打ちへ。このほうが相手に乗ぜられにくい。ここが大切」と。勉強になった。相手に反撃されない打ちをめざせと解釈した。

中野八十二範士八段（東京）

昭和五十一年二月十三日　午前六時
日体大寒稽古　大学道場

先生、わが小手を攻めつつ、わが気分を逸らし、面を打つ。この呼吸はさすがと感嘆。われそれを胴に返せない。金縛りになった如し。

われ何をしても先生引かぬ。逆に前へと来る……みんな読まれている感じ。無理なく直線的に来る感じである。

反省

一、わが小手打ちは、その場打ちで不十分（相手の懐に入っていない）。したがって面を打たれる始末。小手を打ったら中へ入らねば駄目。

二、どうしても面にのびられず。剣先を殺されていた。気、技ともに。まさに三殺法そのままであった。

三、相手の起こりが不明でどうにもならない……ここが工夫のしどころ。

次回稽古へのメモ

一、色なくスッと間合に入る。そして面へつなげる攻めを裏表から。足の運びもスムーズにできるように。

二、かつぎ小手を小さく、もっと鋭く打つこと。

三、引き面も早く、積極的に。

山内冨雄 教士八段（東京）

昭和五十一年三月十三日　午後
日体大授業時稽古　大学道場

立ち合うや、わが剣先弱しと見たか、しきりに上から押さえて来る。このため、攻め返し、わが意の如くならず。面、小手～面はわずか一本打たせていただくのみ。先生に小手～面と攻められ打たれる。面打ちに出るも、胴に返される。先生の大技の面打ちはわれの肩にバカッと来る。先生振りかぶるときに突きに出るも外れた。

久方ぶりのお願いだった。しかも先生、肺炎後で稽古多からずとか。われもなんやかんやで十日あまり竹刀を振らずで稽古不足露呈の一番となる。理由にならぬ理由と恥じる。

攻め込まれたるは攻め負けなり

小中澤辰男範士八段（神奈川）
昭和五十一年三月十五日　午後八時
横浜公武会道場

約半年ぶりの稽古だった。

打てたのは思い切った捨て身の面と小手〜面の一本のみ。わずかにこれだけの打ちで、あとの数本は全部不調。小手をうまく押さえられる。とくにぐいぐいと間合を詰められるその迫力に、じりじりと退く。先生が大きく眼前に迫る。間合近くも意の如くならず。先生の竹刀を押さえよう、乗って打とう、この意思のみが強く、足のさばきも大きくなり、相手ペースにすっかり嵌まったようだ。このためか、剣先の働き鈍り、打ち弱く単調。スピードも落ち、息上がり終わる。

先生いわく「剣先の働きまるでなし。足さばきもただ前後左右ダンスの如し。ぐっと剣先を働かし攻める必要覚えるべし」と。

市川彦太郎教士八段（埼玉）
昭和五十一年三月十八日　午後
日体大学生遠征合宿　埼玉県武道館

しばしの攻め合い、先生の動き出端を見て、われ思い切った面に出るも簡単にすり上げ面を返される。焦りつつ小手〜面へと打つも、またもやすり上げ面を返される。幾回となく繰り返すも、如何ともし難し。先生の剣先を押さえ面へ出るも、小手を押さえられる。さらに攻められ、面、小手〜面、小手と打ち負けて散々たるもの。わが剣先を利かせた心積りも反対に完全に押さえられ攻め負け。実力の違いをまざまざと感じた。

反省

一、一歩前へ鋭く攻め入りながらの打ちを。

二、相手の出頭を見取ることがほとんどできなかった。

三、攻め込まれたるは攻め負けなり。わが剣先、相手の咽喉部より外れ放しのためかと……。

四、不足だらけ。切り返し、懸かり稽古のやり直しを……。

小澤丘 範士九段（埼玉）

昭和五十一年三月十九日　午後
日体大学生遠征合宿　埼玉県武道館

昨年来久しぶりのお願いだった。

先生ご自身が休むこと、とどまることなきは、われをも休ませることなき働きとなる。足さばきは精密機械の如し。面や小手打ち、時折見せる諸手突きの正確さ、味わいある剣さばき。わが遠間よりの面、小手～面も、前へ前へ出て応じ返す。姿勢態度は崩れず、健在そのもの。感銘深し。せめて一本でもと思えど届かず。体当たりも、だいいち体を当てさせないさばきは見事と強く映じた。打ち込み、切り返しで終わる。

小澤武次郎 範士八段（茨城）

昭和五十一年五月四日　朝
京都大会朝稽古　武徳殿

先生得意のかつぎ技への警戒と、わが中途半端の引き際の打ちをとくに気をつけて立ち合った。攻め合うと間もなく、かつぎ小手を二本、パクンとうまく打たれた。わが面打ちに出るを小手に押さえられる。攻めを強く速くし、先手の小手～面はからくも決まった。遠間からの面もスッと入り、当たる感じを得たが気分的には押され放し。剣先の押さえと攻め打ちが一致せざるゆえかと反省する。気迫不足とも反省。

鷹尾敏文範士八段(三重)

昭和五十一年五月五日　朝
京都大会朝稽古　武徳殿

約二年ぶりの立ち合いである。

先生小柄なれど、さばきの足遣いはなかなか鋭く警戒をした。われ上から上から位負けせずで乗る気分で攻め合い、力みもなく面も先生の頭上へ。小手〜面も矢継ぎ早に打ち込み、感触良し。一本はすり上げの面を、一本は小手を押さえられる。

途中、先生がたびたび得意のかつぎ小手に出られるを、同じく面に出られるを、われ押され気味ながらも剣先真ん中を外さず押さえたが、しかしこんな立ち合いでなく、なぜあの出端を打てなかったのかと反省。始まったばかりの攻めと途中からの攻めの差は気の問題かと、自己の大きな未熟さを知らされた。引き際の小手もたびたび打たれ、鍔ぜり合いの弱さを露呈した。わが攻めも未だ弱し。攻められると浮いて打たれ、応じ技も未だし(下手)を知った。攻めは難しい。

中澤芳雄教士八段(大阪)

昭和五十一年五月六日　十二時
第二十四回京都大会立合　武徳殿

初対戦。しばし剣先の攻め合い。

相手突然われ正面に打ち込み来るを少し体を開き応じ胴へ、しかし不充分。互いに奇麗に分かれ対峙、数合の攻め合い。われ強く攻め、攻め勝ちを覚え、かつぎ小手から相手の少し退いた面上へ、体もよくのび、これは決まった。

二本目、数秒攻め勝ち、小手打つも不充分。打ち合い数合、体の入れ替え後、少し近間から小手~面がこれまた決まる。

精神的にはゆったり、きたらばきたれの覚悟。

篠田正六教士八段（千葉）

昭和五十一年六月十三日　朝

第二十三回関東高校大会稽古　千葉県総合運動場体育館

相対峙すること数十秒、長い時間攻め合い、裏表と互いに窺う。われ小手を打つも相手動ぜず、攻めあぐねつつ、また数十秒となる。相手動ぜぬ。出ぬと見、思い切った小手~面へと渡ると手応えは八分の面と覚える。いけるぞと気位保持につとめる。小手~面は相手退くので打てたが、一本打ちの面は決定打とはならずだった。相手の無理のない真っ直ぐで素直な正面打ちは、わが出端へ三本炸裂した。

反省

なぜ、すり上げられなかったか、小手を押さえられなかったか。攻めのみで「懸中待」が身についていない証し。守りは全く留守、気の緩みは覚えないが、そこが未だし。

小中澤辰男範士八段（神奈川）

昭和五十一年七月二十二日　午後

神奈川県学校剣道連盟研修会　湯河原小学校体育館

われ八段合格後約二年目、初めての立ち合い。昇段ということで思わず力の入った一戦。

剣先の表、裏から攻め合う。押され気味、少々横へのさばきで攻め負けをカバーしようとしたが通ぜず。間合に入り二段打ちの小手~面も、正面への一本打ちも当たらず。相手の攻め強く、やむなく後退。わが剣先は少しも働けず、相手剣先わが胸へぐいぐいと圧迫し、わが体浮く始末、完全な攻め負け……。苦しまぎれの一策、払い小手はやっと決めたが、仕掛けの小手~面、払い面、突~面などすべて不発。かえって逆に小手をうまく押さえられる。わずか正面打ち二本を攻め打ち、少し届くのみとは情けなし。理合の打ちとは程遠

旺盛な攻めが足りない

植田一 範士八段(香川)

昭和五十一年八月二十七日　午後

日体大遠征合宿　香川県体育館

有名な先生との立ち合いは有難く、初挑戦で緊張も大きかった。

攻め合うやいなや、なぜか先生の構えに一瞬戸惑いがあり、やりにくいぞの心の動きを感じた。攻め合いから先生、スーッと間合を詰め来る度胸の良さ、われ思わず面打つも簡単に竹刀越しに受き一戦。相手迫力満点、われ息上がり完敗。新八段許さぬよ、を身近に感じた。

大反省

先生の剣先を殺せなかったのはなぜか……。

けられる。間合を取り、小手~面と打つも同じとなる。途中経過は返し胴、押さえ小手、出端面などたびたび打たれる。

決して速さとか迫力のある打ちではないが、さすが数がかかっている。勝負師の剣さばきの一面。みな理に適う打ちは見事としかいいようがない。口惜しまぎれに、失礼ながら一本勝負をと意識して挑戦するもすべて初太刀の打ちで惨敗完敗。目の覚めた思い。うまい、強いが残った。

反省

わが剣、攻め込まれ（間合に簡単に入られる）、それをわが剣押さえきれず。すぐ焦りを感ず。心は浮き、じりじりと退くのみ。途中でやっと近間とおぼしきところから面一本、かつぎ小手一本と打って出たが、所詮苦しまぎれの懸かり稽古同然の姿、完敗もいいところだった。

　攻め負け、受け身防戦一方の剣では通ぜず。面はおろか小手、胴で応じる暇などあり得ようはずがない。苦しくとも攻め打ち、懸かって懸かり抜く稽古をせねばとの思い。腕の違いをとくと知らされた。上には上があり、理屈ではない。

中野八十二範士八段（東京）

昭和五十一年八月二十四日　午前
日体大遠征合宿　愛媛県武道館

　時間不足で先生いわく「三本勝負」と。打たせない、打たれないで打つ、この難しさがつくづく身にしみた。しばし剣先の攻め合いも打つ機会なく、思い切ってかつぎ小手〜面へ。しかし、さばきがうまく効なし。

　返し胴が恐くて、思い切った面が打てずのびられず、さりとて先生の面打ちはすり上げられず、ほとほとお手上げ。

　面にいくも押さえ小手を打たれる。またちゃんちゃんと竹刀を叩かれ面を打たれる。突きにいくと胸板で駄目。先生の面打ちをやっとの思いで突っ張って逃げる。このとき先生よたよたするが、少し突っ張りが利いていたのではないか。さらに先生の出端をかつぎ小手、実にタイミングよく決まった。この機を忘れるなといい聞かす。

　先生いわく「今日の始めの二本の打ちは、うまいタイミングで打っていた、不成功でもあれは良い」と。われは夢中で一向に不明な打ちであった。

冷静さがない証し。

反省

一、暑い暑い日だったが、べつに苦とならなかった立ち合い。

二、小手~面がのびきらず止まるのは、返し胴が恐いからか。いまひとつ捨て身にならないといけないと反省。

中野八十二先生合宿講評

昭和五十一年八月二十四日　夜
日本大合宿遠征

一、試合は勝つこと。自分に克つ、自分で考え、何かをつかむ。

二、三本勝負のつもりで稽古をする。とくに始めの一本は大切、全力を尽くせ。

三、自分の間合を取れ、つまらないところで打つな、退かない研究。

四、剣先はいつも中心、隙を与えない。ねばり不足。

五、相手に打たせない、相手を打つ、体を堅くしない、心を軟らくゆとりを持つ。

六、攻められたら攻め返す気持ちで、対等か有利の状態を保つ。

緒方敬夫教士八段(熊本)

昭和五十一年九月二十六日　午後
第二十二回全日本東西対抗剣道大会　福岡市民体育館

この大会は抜き勝負で、緒方選手が前二名を破っており、調子は良しと拝見。われ容易でないと立ち上がる。攻め合う、互いに慎重、一進一退、われ初めて正面打ちに出るも防がれる。次に相手が小手~面と打ち来る。われ応ずるも打てず。双方この後、面打ちの応酬するも決定打ならず。時間の経過を感ず。われ鋭い攻めで間を詰める。相手退いたところを追い込んで遠間から捨て身で面打ち。幸い決まる。心身ともにかなり厳しい立ち合いだった。

反省

出端へなぜ出られなかったか、読み不足、気迫も不足。

村山慶佑 教士八段（熊本）

昭和五十一年九月二十六日　午後
第二十二回全日本東西対抗剣道大会　福岡市民体育館

しばし攻め合う。村山氏、小手～面と大きく仕掛け来るも、われ防ぎ、さばく。引き際、突きを出すも押さえらる。このとき、なぜ面に乗れなかったか、稽古量不足か、気力充実の不足かと反省。言い訳は悪しきことだが、八月二十七日から左膝痛。水溜まり、水抜く。九月中の四回の稽古をかばってきた。

その後、攻め合い、裏表を互いに機をねらう。なかなかに切先強く、互いに小手をその場で少々打つのみ。

とある機会に、相手遠間より正面打ちにきたる。われ突き部に剣先つけしも、判定は相手の有効打となる。これやむを得ない。

二本目に入る。われかつぎ小手～面と仕掛けるもやや軽し。鍔ぜり合いから、われ体を左にさばき引き面を放つ。部位に当たりしも不充分。続いて下から攻めての小手打ちも、やや切先が軽く不充分。時間終了を感じ、われ焦る。攻めも甘いまま面へ。相手体を左に転じ、軽く小手を押さえる。時間。万事休す。

反省

一、もっと思い切ったかつぎ小手からの面を。
二、突きから面へ乗れなかったのか。
三、旺盛な攻め不足。

左膝故障とはいえ、勝負は厳しいものだ。やる以上、少しの心のわだかまりも許されない。捨て去るのみしか道はないことを知る。

一川格治範士八段（熊本）

昭和五十一年十月二十三日
第三十一回国体朝稽古　佐賀県武雄小学校

明治四十四年生まれとか。前夜酒杯をだいぶ傾けられたか息（酒）臭し。初めてのお願い。

攻め合い、わが表裏からの剣先をすらりすらりとかわさる。機をみて、われ「エイ！」と表から面を打つも、待ってましたとばかりに見事な返し胴。これはいかんと胸中渦巻くが如き焦り。また数秒後、捨て身の面を同じく返し胴。すらりすらりの竹刀さばきで、腕の違いを感じた。見事にやられる。

立て続けに小手～面へいく。みな受け止められる。なすすべなし。われ小手～面と一本打ち面が先生の頭上に届くも満点にほど遠い。先生から一本ハッとする立派な面を打たる。打たせず攻めながら、上手に機会をとらえポンと打つの理、鮮やか。われ力量不足ゆえ先生の意のままの如し。

先生の裏、表からの攻めは常に相手の剣先に逆らわず、正中線上にあり。構えの立派なること、また打つに無理なき竹刀さばきは大いに勉強。われのごとき力ずくや、体力ばかりの剣では、時間の経過とともに次第に懸かり稽古になるのもむべなるかなと……。

反省

無理なき竹刀の遣い方、機会のとらえ方、柔らかいこなし方を学ぶ。魚を釣るに、無理に餌を与えても、魚はその気にならぬと食わぬもの。食うようになればかかる。こんな釣りのことが浮かんできた。剣道も同じと……。

玉利嘉章 範士八段（東京）

昭和五十一年十月二十四日

第三十一回国体朝稽古　佐賀県武雄小学校

終始攻め合いが内容といえる立ち合いだった。

さすが攻め合いに徹した方で、数多く打つのではない。理念に立ち、それを実行されておられる剣風に初めて接した。勉強となる。

攻め合いからスッと入りながらの面、小手～面へと思い切り踏み込むも、範士の剣先わが胸、咽喉にかかり打てず。わが表裏の攻めも気位負け。肩、腕に力が入り過ぎてくる。攻め合いは厳しいものぞと強く感じた。上から乗ろうと思えば下から剣先が来る、下から攻めようとすれば上から剣先が来る、如何ともし難し。その圧迫感のために打てずの稽古だった。

反省

剣先の働き、正中線上と咽喉部の取り方を研究し、打突へのつながりを考えなければならない。攻め合うのみで打たなくてよいのか、打てなくて打たないのは打つ努力を……。打てる感じのときに打たないのは果たしてどうか。

森島健男 教士八段（東京）

昭和五十一年十月二十四日

第三十一回国体朝稽古　佐賀県武雄小学校

初めての対戦。構え、攻め合う。相手の剣先、体勢など不動を感ずる。

われのみ剣先を表裏と探るは、この時点で相手の中に引き込まれているのではないか。さりとて相手とじっと剣先を合わせるのみでいいのかと疑問を感じた。機を見て表よりスッと色なく面打ちは手応えを感ず。されど相手の竹刀動かず。小手～面も確か打てたと思えど相手体崩さず。立派な態度に打たるる姿を学んだ一戦。

後半、小手〜面を攻められ、われ簡単に退き打たれたる姿は、その迫力に呑まれしゆえか。

反省

相手の攻めに攻め返す気弱し。相手の打ちに、小手を押さえ、あるいは返し胴にいかねば。最低でも引かないで出る。さすれば防ぎとなるのではないかと考えさせられた。気力不足。気分的に全く駄目だった。

剣先は中心より外さない

大島功先生（東京）

昭和五十一年十月二十六日

第三十一回国体朝稽古　佐賀県武雄小学校

拝見しており、小手打ち速く、しかもやや変則打ちの感じを警戒して、初めての対戦。

かつぎ気味、小さく横側から打ち来るを、われ剣先をぐいと突き部につけ少し前へ出て打たせず、成功。近間から引き気味の小手をしばしば打たれた。うち一本は確かな打ちと参る。

われ、逆に遠間、近間からの攻め打ちと、相手の引き際に追い込んでの打ちは感触良し。ただし遠間からの面は、相手にうまく押さえられ小手二本を許した。難剣士と呼ぶは失礼か。一緒に軽く動いては打たれる。剣先を中心より外さないことが大切と……。

鶴丸壽一 範士八段（兵庫）
昭和五十一年十月二十六日
第三十一回国体朝稽古　佐賀県武雄小学校

えらく間が空いて三年ぶりのお願い。範士の一段と大きな構え、背丈も大きく悠然たるものを感じる。

攻めの剣先は軟らかく合わさる。機を見て面を攻めるも軽く小手を押さえられる（体やや左に開く）。攻め合いののち、われ出んとする端へスッと入り気味に出端面。われ手も足も出ず。先生のこの面打ち、背丈の高さ、リーチを利かせた真っ直ぐで無理なき打ちは見事なり。先生の打ち、大きくゆるく振りかぶり来るを、われ右に体をさばき素早く返し胴。二本のみとは残念。わが剣先利かず、表裏ともに面一本も通ぜず。残念な一戦となる。

一川格治 範士八段（熊本）
昭和五十一年十月二十六日
第三十一回国体朝稽古　佐賀県武雄小学校

この会場で二回目のお願い。攻めの表、裏の剣先、前の反省に立って、強い意識で働かす。

われ思い切った遠間の面、相手胴に返すも、心得て手元を下げ体当たり気味に接近し防ぐ。分かれも、引き小手を強く警戒、以後一度も打たれず。われかつぎ小手、一度だけ七分くらいに決めた。面打ちはこの度も不発。打つ間、機会の無理と先生の読みが豊かなることからかと……。

先生の面打ちに一度もわが面を破られなかったのは幸い。前回を考えると、不思議な思い。あの面を攻められたとき、返し胴や小手で押さえられないのは、己れが負けた態勢となり、防ぎで精一杯のため。余裕のない負けの一戦としかいえない。

反省

剣先の働きに気迫の無さを反省。かたちのみの気では通ぜず。

工藤一 範士八段（東京）

昭和五十一年十月二十六日
第三十一回国体朝稽古　佐賀県武雄小学校

初めてのお願い。小柄、足のさばき、打ちなど俊敏。とくに小技は手の内よく冴えたり。

始め先生は、ゆったり受け身の如ぐだったが、だんだん攻め始めると、われずるずる退き間を取るほどなり。これではいかんと面打ち、小手〜面の打ち、素直に打てたと思えど決定的ではなかった。手元が上がり、腰も少々ふらついたのは、相手の剣先が下から下から来る、その威力のせいと感じた。

相手の打ちに、曲がりなりにも何とか応じた数合は良しとしたが、多くはうわずり、対処し得ないもどかしさが残った。ただ速さや馬力のみの打ちでなく、打ちが遅くとも理合に適する打ちを出したかった。範士の面、小手など、まことに速さが理に適い、打たれた。わが弱点を攻められたこの一戦は参った。

小澤武 範士八段（東京）

昭和五十一年十月二十六日
第三十一回国体朝稽古　佐賀県武雄小学校

幾年ぶりかのお願いとなった。先生はここ佐賀のご出身。七十一歳とは思えぬ打ち気に出てこられる。出端面や返し胴と、果ては突いても攻められる。近間での面、小手と遠慮容赦なき打突は意気盛ん。われ遠間より攻めての面、小手〜面と応酬する。常に気を抜くなの教え、反省した一戦は有難かった。

浅川春男範士八段（岐阜）

昭和五十一年十月二十七日

第三十一回国体朝稽古　佐賀県武雄小学校

初めての立ち合い。俊敏であり、小柄に属す。足さばき良く、全日本剣道選手権者でもあった先生の剣風に接した。

攻め合いは互いに充分の迫力。間合をとくに気をつける。待てば打たるるを覚悟して積極的な気をもって対戦。しばし先手で面へ、小手〜面へと速さを意識して攻撃。しかし不発、不充分。面打ちは自己判定ながら一〜二本は決まったのでは……。突きから胴へ（わたしは日頃、胴は打たないのに）、これはうまく決まった。少々驚くほど。

相手も負けじと、突きから小手へ、かつぎ小手、そして面へと、スピードの豊かさを利して、次から次と繰り出し決めてくる。小手がうまい。相当打たれた。勝負勘の鋭さを認めさせられた。

反省

相手のかつぎ小手にすぐ引っ掛かるようでは駄目だ。剣先を利かせる精進を誓う。また少々相手の動きに合わせて動き過ぎ。心気の問題か。

滝澤光三範士八段（神奈川）

昭和五十一年十月二十七日

第三十一回国体朝稽古　佐賀県武雄小学校

久方ぶりのお願いとなった。攻め合う、われ剣先押し気味に面へと、一瞬、先生の応じ胴、鮮やかに返された。この方もやや小柄、足のさばきは見事なり。そこで一瞬考え、昨夜玉利嘉章範士、その前夜松本敏夫範士の、表裏の剣先の使い方を実行に移してみた。

これは少々利いたのではないかと感じた。先生への出端をねらうことが可能となり、数回先生へ面を素直に打って出た。また相手の打ちにも少し前へ攻め、手元を押さえ気味にし出端への打ちを不発とさせた。従前前へ出るところをよく叩かれたが、今回は逆なような感じ、何とか防げた。

反省

右に押さえてくれれば左に押さえ、下から上へくれば上から押さえ、剣先の攻め方に逆ありを確かめたい。

玉利嘉章先生（東京）いわく

昭和五十一年十月二十六日夜（倉澤の考え）
国体　佐賀武雄温泉宿

攻めについて表裏

いつでも相手剣先の反対にわが剣先をつける。これは〝乗る〟ということにもなる。即ち、打たなくとも打ったことになる。

相手の無理なる打ちは咽喉に剣先がかかる。これは自然に適う、随うことの勝ちである。

相手の竹刀にさからってはいけない。陰と陽、静と動が大事。大声は本物でない。

交剣知愛の稽古とは、再びお願いしたい稽古である。竹刀には点と線がある。剣先が点となる。裏から攻めるのが一番良い。

左足を左斜め前に出し、相手の竹刀を押さえて打つこともある。攻めは下からというが、そのときの状況による。

松本敏夫先生（兵庫）いわく

昭和五十一年十月二十五日夜（倉澤の考え）
国体　佐賀武雄温泉宿

剣先の表裏

相手の剣先の反対側にわが剣先をつけるときは、手元だけでなく、腰を入れること大切なり。左手を動かしてはいかぬ。

構え方（左握りは常に真ん中が大切か……）
一、腕の下側に力が入ると可、すなわち小指等の締めを正しく。
二、腕の上側に力が入るのは不可、打ちが素直に出ない、無理あり。
三、右手の握りは軽くすること。
四、竹刀と掌にやや隙間あって可なり。打ったとき、締めがよい。軟らかな保持は応じにも良しと。

負けずに乗れ

楢崎正彦教士八段（埼玉）
昭和五十一年十一月二十一日　午後
埼玉県剣道祭　埼玉県武道館

対戦は一年ぶり。玉利・松本両範士の教えの剣先の攻めの稽古はちょうど良い機会と、意識を強め、表、裏と真ん中を攻める。

裏から攻め入り、機と見た小手は初めて決まった。かつぎ小手〜面へ渡るも、相手の剣先、わが咽喉を完全に押さえる。

数合攻め合う。相手、小手〜面へ来るもわが剣先咽喉へ決まる。続いた面打ち二本もみな咽喉へ決まった。数合攻め合い後、われの小手〜面は九分通り相手面上へと……。

面の一本打ちは打ち出せず残念なり。

反省

攻めの表裏中心への意識強く、逆にこれで打ちが出しにくくなったのではないか。

玉利先生以下三点の指摘に感謝。
一、剣先をすっと上から押さえることを今後の研究課題とせよ。年を取って打てなくなってもこれでいける。
二、背が前かがみに丸くなっている。左こぶしを利かせると直る。
三、剣先を乗せるときも左こぶしを利かせよ。

小室進教士八段（埼玉）
昭和五十一年十一月二十一日　午後
埼玉県剣道祭　埼玉県武道館

対戦は一年ぶり。前者同様、意識しての攻めを実践する。相手、わが面上へ打ち来るも軽く受け外す。

小手を押さえる、胴に返す、面を返すの三点、いずれもかなわずは残念。鍔ぜり合いから、相手退くを追い込み、再度決める。満点ではない。相手執拗にわが面に打ち来るを返し胴としたが、わずかに遅れ気味。次、われ小手～面へといくも全然通ぜず。面一本打ちも出ずじまい、焦りを感ずる。

終わりの相手の面はわが頭上に、わが剣先は咽喉へ。しかし後突きで駄目。引き分け。相手の剣先の働きは、間合に入っても少しも恐くなくなり、相手を注視でき、動揺せずは収穫だった。

谷鐐吉郎教士八段（愛知）
昭和五十一年十二月四日　夕
愛知県剣道交歓稽古　神奈川県立武道館

初対戦。わが面打ちをうまくすり上げ面で打たる。先生、剣先やや低く、攻めながら面にのびる打ちはうまい。懐大きく、われハッとした際にはわが頭上に。小手もうまく押さえる。攻め合い、相手の小手打たん端を押さえ、そのまま乗って面を決める。

反省

あの相手の面打ちを防げなかったこと、返し胴の防ぎもできなかったことは疑問だ。あの大きな相手に対し、しかも真っ直ぐなサッとした打ちに、負けずに乗ることと、下側から攻めての小手をねらうべきだったのではないか。

近藤利雄 教士八段（愛知）

昭和五十一年十二月四日　夕

愛知県剣道交歓稽古　神奈川県立武道館

先生六十五歳。初対戦。年齢を知らしめぬほどの動き。呼吸と素早さ、間のとり方は大なる研究を覚えた。われ、始めから剣先を外さず中心を攻めての防戦。ときたま思い切った面へ、小手へと打ち、何とか打たれず返されずで、まあまあの立ち合い。

榊原正 教士八段（愛知）

昭和五十一年十二月四日　夕

愛知剣道交歓稽古　神奈川県立武道館

端正なる姿勢態度、構えの溜めの良さ。確かなる打ち、足のさばきの正確さ、第一回の全日本剣道選手権者にふさわしい立ち合い。大いに見習う一戦。

しばし攻め合う。剣先、わずかに間に入り、われ面へいく。相手のすり上げ面で鮮やかに決められた。また中途半端な間合でもすり上げ面で鮮やかに決められた。容赦なく小手を打ち来る速さは凄い。われ焦りを感ず。ときたま小手を打つ。尽きたと思うところへ面打つも、少々の当たりは会心の打ちにはほど遠い。「分」のない一戦となった。

反省

打つ機会、応じ技の勉強、さらに必要。

野々村策一 範士八段（愛知）

昭和五十一年十二月四日　夕
愛知剣道交歓稽古　神奈川県立武道館

剣先は強く、その働きにまず圧倒される。

小手～面、面打ちとわが数回に渡る打ちは全部、相手剣先をわが咽喉につけられて不発。ひとつだけ相手の剣先の低いのを、われ内小手をねらう。これは成功とおぼしきなり。

相手、われ打たずと見るや、剣先表裏と激しく攻め立て、わが浮き気味へ小手をうまく決める。その呼吸、間、機のうまさに感じ入る。

反省

一、われ、相手剣先の下がり際に上から突きを攻め、打って出たらと思ったが、後悔遅し。

二、気負けも少なからずあり、攻め負けである。

二、稽古の数
他の人の倍の倍を――(昭和五十二年)

基本の正面打ちをやり直さねばならぬ

渡辺敏雄 範士八段（東京）
昭和五十二年一月四日　午前十時
関東学連新年稽古始　東京正則高校

時間不足のため短時間。内容も残念。いま少しお願いと思った一戦。範士の剣先をチャチャーと左右に振り利かせ色誘いを見せてわが間へと……これは範士の得意。われこれに動ぜず、剣先を押さえわずかに出るも、両者打たず。剣先止まる。気をさぐる、しばしそのまま。先生わずかに打ち気を見せるを、われ思い切り面打ちに出るは、わずかに先生の面上にかかったが、不充分なり。打ち間で双方、面、小手、胴と打ち合うも無駄打ちで終わる。先生「一本勝負」といわれ、攻め合いに入る。二、三本打ち合うも見るべきなし。分かれ際、小手を打たれて参る。

反省

なかなか難しい立ち合い。短時間にしてはかなりの精力を要した一戦。

大野操一郎範士いわく「倉澤君は面ばかりで、もっと小手、胴などを打たねば……。しかしその面は、遠間からの良いのを持っている」と。

丸山義一 範士八段（東京）
昭和五十二年一月四日　午前十時
関東学連新年稽古始　東京正則高校

時間不足に追われた稽古。われ面へ打つ、先生小手に体をひねる如くに押さえる。不充分な打ちの後、近間にてポンポン小手を打たれる。近間で打たれる弱い面をさらけだした。途中、遠間から、われスッと攻めながらの面は素直に会心打と思う。範士も出端へ小手〜面と渡り、うまく打たれる。切れ良し。

反省

防ぎの工夫「懸中待」を。無駄打ち多く反省。

中倉清範士八段（東京）

昭和五十二年一月二十五日　午前六時

日体大寒稽古　大学道場

この一戦、攻め負けない、徹頭徹尾気を抜かない、先手を打つ、と心に誓いお願いした。

しかし、先生の攻め強く、わが遠間からの技出せず。近くの間にて力や体力で打つ内容は通ぜず自滅。この後、範士より小手〜面を打たれ、続けざまに左足前の胴三本も決められた。息も上がり、苦しまぎれの突きからの面も防がれ、呆然如何ともなし難し。範士の攻めはわれを崩し、打つパターン通り、うまく遣われた。範士の小手を牽制し面に乗る。

範士評

一、かつぎを二〜三回と続けてはやり過ぎ、いけない。一回は良い。そして続く次の打ちをもっとパッと打て。

二、相手の打ちは受け止めるのでなく、攻撃に転じなければならぬ。受け流したら返す。迷わず切り落としにするとか。

三、全体通じて攻め不足。間合に入りながらのわれの間を使って打ち込むコツを考えるべき。

反省

攻め不足とは強い攻めも含んでいると解釈。

大野操一郎 範士八段（東京）

昭和五十二年一月二十六日　午前六時
日体大寒稽古　大学道場

今日の一戦、最近になくみじめなほど叩かれ、目の覚める思い。思い切ったわが面打ちは幾本となく、みな防がれる。またときどき返し胴を打たれる。一寸の隙は間合に入られ、諸手突きをと散々な内容だった。あのお年（七十六歳）でグッと攻め、面にのび、果ては小手を打つ、そして胴を打つ、みな「攻め」からと考えさせられた。われ、やむなく打った裏よりの面一本、返し胴一本のみは良しとしても情けなし。

反省

二週間の稽古不足を痛感す。遠間からの打ちの拙さ歯痒さ多し。基本の正面打ちをやり直さねばならぬ。

工夫考え

一、技の研究

どんな技でも使えるものにする。そしてそのなかに自分の得意技を身につける。そこから攻め、打ちにいく。

例　払い方の種々（頭で考えるのでなく、その時々にさっと出せるものを）

「ゆっくり払って、パッと打つ」
「パッと払って、ゆっくり打つ」
「鍔元を払って、打つ」
「剣先を払って、打つ」
「払い上げる」
「払い下げる」
「表から」
「裏から」など

二、稽古の数

「他の人の倍の倍を」
「一日二回を」

「上手へ懸かることの大事さ」

中野八十二範士八段（東京）

昭和五十二年一月二十七日　午前六時
日体大寒稽古　大学道場

意識して剣先の表裏から乗るぞ、押さえるぞの攻めに徹して立ち合う。攻め合うもだんだん肩へ力が入り、じりじりと間合を詰められ余儀なき後退は、気力剣先の強さの違いか。出端へねらいしわが面はなかなかに通ぜず、相変わらず胴に返される始末。焦りは強く、小手〜面も不調、気分も浮き出した。ハッと思いしな見事なかつぎ小手をいただく。あの攻め、かつぐ呼吸、打ちの正確さには感嘆せり。徐々に自然に追い詰められ、退く瞬間への諸手突き、これもグイと見事にいただく。それ以降、われこれまでとなりふりかまわず打ちかかり、息大いに上がれり。切り返しで終わる。

「三本勝負」の声。

初の面『遠間』は全くの捨て身、やや大きめの振りかぶり手応えあり。先生参ったのジェスチャー。続いて二本目も三本目も力なく、われから一本また一本、あと一本とお願いするも息切れ激しく、胴に返された。小手〜面も打たれ、なすすべなしで終わる。而して「張った」気分、懸かった気分の稽古は有難く、後々気分は晴れ晴れとする。

反省

われ三本勝負の一本目は、先生自然に打たれた如くありしが、あれはわが打ちを出させてくれたのではないか。教育剣道、品格ある剣者たる姿と感銘を得る。

渡辺敏雄範士八段（東京）
昭和五十二年一月三十日　午前六時
日体大寒稽古　大学道場

正月四日の初稽古で満点ではないが、面をいただいた感じがあった。今日もとお願いしたが、通ぜず完敗だった。攻めを強くして立ち合ったが、間合をうまく取られ通ぜず。面打ち数本、返し胴、小手を押さえられる。焦りというか、打ち気が過ぎた嫌いあり。攻めがあまりにも打ち気となって範士に読まれたのか。これをうまくわれは使わねばならぬ。間合をよく考え、対処していくことが必要だ。しかし打たずと読まれたり、居ついた感じのときは範士は猛然と、直ちに攻勢に転ずる。あの旺盛なる気迫は学ぶべき。また「打たせず打つ」竹刀さばきはうまい。

先生講評。

一、間合を考える。攻めも含めていつも五分と五分の立ち合いから、一分を余計取って六分として攻め立て打つ努力を。

二、打ち方、とくに面を打って両手をすぐ上げるのはいけない。

岡憲次郎教士八段（東京）
昭和五十二年一月三十日　午前六時
日体大寒稽古　大学道場

時間切りで対戦。

構え、しばし攻め合う。じりじりと互いに間合に入る。先生そのまま動かず。われ打ち間と見て小手を打つもそのまま防がれる。先生、わが面打ちを防ぐ。攻め合うも先生なかなか動かず、打たずの状態。われ焦り気味。攻めかける。正面を何本か打つ。先生剣先を利かしてわが咽喉に防ぐ。立派……。

またわが動きに対して、小手を三～四本打ち来

る……うまく打たれしもあり。わが剣も、割った
る面の有効あり。後半、先生の小手～面打ちを、
われ抜き面と押さえ小手とで対応する。先生の我
慢強さを見る。

反省

打とう、その気持ちが先行、そして強過ぎた。
先生にここを見られたかも知れぬ。じっくり打ち
合う竹刀さばきが必要。心がけ不足。

相手の剣先につられている

井上正孝範士八段（東京）

昭和五十二年二月十六日　午後六時～七時三十分
全剣連合同稽古会　日本武道館

先生六十九歳。この立ち合いは、剣先の攻めを
中心にしたいと思った。十五歳の年齢差。

表、裏、上、下、正中線上を入らば打つぞと意
識した。しばしば遠間から正面、小手～面に……
手応えはあったが、先生はあまり動かず不動の体
勢。先生の近間でのパンパンの手打ちも今日はわ
れ一切動ぜず。構えを崩さず手元を押さえ、従前
の如き応じた打ち合いは止め、打たれずだった。
果たしてこれで良かったのか……。

反省

構えをもう少し下に、咽喉より胸部につけてお
ったら、近間での打ちはされなかったのではない
か。そうなれば、ただ打たない打たれないの心境
ではなく、位攻めの立ち合いがなされたのではな
いか……。

中島五郎蔵範士八段(東京)

昭和五十二年二月十六日　午後六時～七時三十分
全剣連合同稽古会　日本武道館

先生六十八歳。昭和十六、十七、十八年時に有信館道場で、相当手荒くコナされて以来、実に三十六、七年ぶりに稽古いただく。懐かしくまた興味も深かった。

小柄な先生であり、われは少々大であり、上から打てばの自惚れもあった。しかし分かれ際からのかつぎ小手二本、わが出端へのかつぎ小手一本とまことに鮮やかに打たれる。

わずかな隙、気の抜きしは見逃さず打って来る。攻め方、間、機会の取り方は見事、頭が下がった。わが攻撃、得意とする小手～面打ちも簡単に受け流される。面打ちもしかり。相手の剣先につられていること、攻め負けを感じた。まぐれで裏から思い切ったかつぎ小手～面一本は、充分な手応えだったが他は全然駄目。切り返しで終わる。

反省

稽古不足、工夫不足。学生時代の昔を思い出せないままの先生とわれだった。かつぎ技がうまい、足さばきが良いなど、わずかながら思い出したが、それも後の祭り。

伊東祐蔵範士八段(東京)

昭和五十二年二月十六日　午後六時～七時三十分
全剣連合同稽古会　日本武道館

先生七十四歳。初めてのお願い。構えてわずかな攻めから、サッと小手～面と、気風の良い打ちにはいささか驚き、気分的に圧せられる。

われもこれではいかんと少々積極的に遠間から打って出る。手応えも少々感じた。剣先を開き、面を打たせてくれたが、遅いと口での指導もあり。あと切り返しで終わった。お年を召されていたが、なかなかお元気で立派という印象。

玉利嘉章先生いわく「打つな。打ち過ぎ。攻め合いの研究。相手の打ちに突きをつけ防ぐ。腹で押さえる」と。

先生作の竹刀一本いただく。有難く感謝。調子至極の良作。

今井三郎 教士八段（茨城）
昭和五十二年四月二十九日
全日本剣道八段選抜優勝大会
宮城県スポーツセンター特設道場

一回戦
対戦は三回目である。一回目は大阪全国教職員大会―われ負。二回目は行田市全国教職員大会―引き分け。
過去の試合、小技、抜き技うまい勝負師。どのように攻めたら良いのか、しばし考える。
立ち合ってわれ気負いもなく淡々たるは驚くほど。先生もあまり攻めもなし、剣先でのさぐり合いも打たるる気配なく、気分的に楽な感じ……。数合打ち合うも、ともに当たらず。途中、先生の引き下がりに、われ小手～面と攻めての打ちは面で決まり、優位に立つ。先生積極的にその後攻め、小手打ちに出るも防ぎ、時間切れでわれ一本勝ち。

谷鐐吉郎 教士八段（愛知）
昭和五十二年四月二十九日
全日本剣道八段選抜優勝大会
宮城県スポーツセンター特設道場

二回戦
前の試合を見ると、かなり積極的に攻め打ち面の二本勝ち。過年度の稽古でも面の上手な方の印象強くよみがえった。
われ出端への対応を念頭に立ち合う。案の定、わが面をねらい打ち来る。一、二度失敗したが、手元の上がりしな、うまくタイミングよく出小手を先取する。二本目、先生しきりとわが面をねらうが目に映ず。われその出端へ小手〜面と打って出る。しかし不十分。攻撃は防禦となっていたようだ。三分ほど過ぎか、わが面打ちを先生、引き気味に余し面を打つ。これは危ない場面。われ攻め入り思い切りの跳び込んだ小手が決まる。タイミング良好。勝負は厳しかった。大きい人には下からの攻めは通ぜず、無理を思い知った。心すべきこと。

坂口門千代教士八段（鹿児島）

昭和五十二年四月二十九日
全日本剣道八段選抜優勝大会
宮城県スポーツセンター特設道場

三回戦

初対戦。あまり見られない方なれど、なかなか手元のしっかりした感じを持った。

攻めながら右へ右へ回る。なおも横攻めの端を跳び込んで小手を決める。先取は気分的に楽だ。先生も始めはわが面をねらっていた。次第に小手をねらうがよく見える。二本目は面がうまく決まる。先に攻めないとならないことを強く感じた。

心の詰め

奥山京助教士八段（秋田）

昭和五十二年四月二十九日

全日本剣道八段選抜優勝大会

宮城県スポーツセンター特設道場

準決勝戦

名にしおう荒武者。勝負も、気迫いっぱい前面に出して立ち上がってきた。

われ当たって砕けろで立ち合う。最初のわが面は捨て身だった。うまく受けられると同時に、凄い体当たりと体押しに、ライン際にありしわれ転倒せんかの如き崩れ。一メートル余の舞台上から転げ落ちんばかり。驚くとともに気分一新を強いられる。これに負けぬ当たり、鍔ぜり合い、強い打ちと体勢保持を心した。

間もなく攻め勝ち、先生の引き気味へのわが小手～面は、面一本先取となる。ぐっと気分は落ち着く。先生の焦りと、なにくその態ありありと読む。ガムシャラな打ちを防ぐこと数度、とくに諸手突きの形相は、ことのほか凄し。しかし、稽古量のおかげか、足の運び、体のさばきは少しも当たり負けせず、逆に鍔ぜり合いの攻めも先生を気分的にも圧倒し得た。先生の荒い息遣いを身に感じる。苦しい中から再度の小手～面は面金、惜しい。ここで終わる。時間いっぱい両者力の限り闘うは凄まじい。勝負は別。心に残る一戦、一生のうちでも記念すべきことと心に快く残った。気迫と気迫の接戦は清々しい。

堀籠敬蔵教士八段（宮城）

昭和五十二年四月二十九日
全日本剣道八段選抜優勝大会
宮城県スポーツセンター特設道場

決勝戦

初対戦、われまさかの進出であった。

ここまでこられたのは好運、堀籠先生は東北の雄、相手にとって不足なし。

諸々の条件は変わりなし、地の利なんてこともないはずと……。決勝戦にふさわしい良い試合を心掛けた。残念ながら相手の試合を見る機会なく立ち合った。

攻め合う両者やや慎重。先生少しのび上がるが如きの面と見せてわれを誘い、これにわれうまく乗せられてフワッとした打ちに出端の小手をうまく打たれ先取された。

二本目。攻め合い両者あまり打ちを出さない。数合の後、われ思い直し、攻めて跳び込んで面を決める。一本一本のタイとなる。この打ちは、先生退き間合をとる瞬間をとらえての無意識の打ちで動物的勘というべきか。

勝負となる。互いに機をねらった双方小手〜面、面、小手とねらいしも決まらず。延長戦も頭をかすめた折、先生またもや一本目とほとんど同じ小手打ちに、われ万事休した。勝負の巧い方であり、粘り強さもわれより上と銘じた。対戦時間いっぱいはわれにしては上出来。

反省

一、小手をねらわれたのが全く読めなかった。
二、準決勝戦奥山先生との対戦で少々気迫が失せていたか……。
三、ここまで来た安堵感のようなものがあったのではないか。
四、心の詰めが不足。心残りのひとつ。

大反省

一本一本となり「勝負」となる寸前、偶然歩きながら元の位置に戻る際、本日優勝者への刀「祐定」を目にした。ひょっとしたら、が浮かんで消えた。今まで少しも意識になかったのに……。終わって、あんなことでは勝てないと思った。心貧しきは、集中心のない証しと心の修行を誓う。

捨て身の心境遠い

堀井誠賀教士八段(岐阜)

昭和五十二年五月六日　午後七時

第二十五回京都大会立合　武徳殿

初対戦、打ちどころがつかめない難剣士。

立ち合い攻め合う。先生、ときどきグッと剣先を下げ、示威的に攻める。われこれを上から押さえるもなかなか出てこない。先生の刺すような面打ちを警戒しつつ、小手~面へと渡る。再三、東側へ攻め立てるも決まらず。次の正面打ちに、先生引き足よく余されてわれの面を打たれる。勝負勘のある方である。

二本目。われ少々強引に小手~面と攻め立て面で一本返す。あとは攻め合い多く、先生の打ちも一本もなく、われも一、二本小手の一本打ちしたのみ。三分の時間終了引き分けとなる。凡戦だった。

反省

もっと攻め合い気迫で打ち合いたかった……。

宮崎昭 教士七段（兵庫）

昭和五十二年五月三日

第二十五回全日本都道府県対抗試合　大阪市中央体育館

準決勝

大男。一本目、分かれる時、まさかの追い込まれたかたちで面打たれ敗け。

二本目、遠間より攻め入られ、フワッとした大技の面打たれ敗け、完敗だった。

反省

大将戦、責任を果たせない腑甲斐無い一戦。

一、分かれ際、油断。まさかはいけない私の弱点のひとつ。

二、二本目の面も集中力の欠如、いずれにせよ攻め負け。

三、返し胴の応じで防ぐのさえできないのは情けない。

四、体力的には未だ余裕のあったはずなのに。

五、心の攻め不足、迫力不足。緊張や恐さのせいもあろうが、「剣先と心」の関係、未だし。これは大きな課題。

六、相手を引っ張り出す余裕なし。

七、誘う、突っ張るも可とするも後の祭り。

池田勇治 範士八段（大阪）

昭和五十二年八月十九日

大阪市立修道館

われ八段合格後、初の立ち合い。先生の立ち合い、攻めの気分なかなか鋭く、先の気合に驚く。範士になるとそれをあまり出さない例多し。

われ負けじとこれに応じた気分になる。先生の出頭を面打ちにいくもスッと退いてわが咽喉に利かせる剣先、四～五本続く。かつぎ小手も先生の剣先で押さえられ不発。先生得意のかつぎ小手もわれ退いて逃げる。面に来るも剣先でうまく押さえ防ぐ。しかし内容は三分七分でわれ圧迫を受け不利、打てず。

続いて三本勝負となる。この試合は気攻めの見本の如き先生に全くうまく取られ、完敗。いかに気が大切かを知る。先生、剣先で激しく攻め立て、わが面を割られる。思い切りの良さ。スッと入っての瞬間にかつぎ小手も打たれる。間合近しと見れば躊躇なく面を打つ。最後は得意の上段を執られ、面、小手と続けざまに打たれて惨敗、無念。

この間、われ先生が面に来るを一本のみ胴へ返す。また苦しまぎれに、諸手突きから先生の引きに乗って面三本打つも少々の手応えありしが不充分だった。

反省

一、試合でも、思い切った捨て身の心境、われに不足。

二、先生の足さばきの上手さ、気合充分の打ち、間合のとらえ方はわれとは格段の違い。攻めと打ちの連係が素晴らしい。

小森園正雄 範士八段（東京）

昭和五十二年八月二十六日

講習会　千葉県日本武道館勝浦研修センター

先生六十六歳。思い切りお願いした。軟らかい手元、さばきの上手さ、やはり範士の剣は違う。先生、再三わが面を打ち来るも、やっとの防ぎ。われ技ひとつも出ず、返しも忘れたよう。われの思い切った面、かつぎ小手〜面も六〜七分の当たりだった。先生の面の防ぎ、なかなか巧し。われもあれを覚えないと駄目。力や馬力だけの剣道ではなく、無理なく理で打つ技を体得しなければ、このままで終わることになりかねない。われ右肩痛がいよいよ増す。立ち合ったら、それを忘れて逆に思い切り肩を使え。カバーするはいかんぞと思うが……。

滝澤光三範士八段（神奈川）
昭和五十二年十月十日
川崎市研修会　石川記念武道館

「三本勝負」の範士の声で始まる。

昨年の国体の稽古以来一年ぶり。われ、面一本打ちをして返されぬよう充分心に誓う。ためにやや消極的になる。こちらの慎重さを見てか、先生スッと入りきたる。われ引く、攻め負け。まずい。剣先が下がり、突っ張り意識の防ぎのみで反撃の機見失う。先生はそこをすかさず内小手、再度にわたり打たれる。ここを張るか、引かず乗って面に、小手にと思えど出来ず。押し返す攻めもなく、気迫負けである。また先生のかつぎ小手も見えながら、出端へ打つも押さえるも何も出来ず、「心」の持ちようを忘れる。常に攻め崩し打つ積極性は気の充実以外ないのでは、と反省する。

範士の出足の良さ、度胸、隙をつく働きなど小柄なるもうまい。剣風は見習うべきところ多し。稽古すべての違いであろう。反省多き一戦だった。

佐藤貞雄範士九段（東京）
昭和五十二年十一月三日　午前
川崎市研修会　石川記念武道館

講話をいただき、続いての稽古会。初めてのお手合わせである。時間切れで試合のつもりで立ち合う。面にいくも鮮やかな小手を打たれる。攻め合うも先生強く、わが心気を圧する。われ面打つも通ぜず、小手～面も届かず、かつぎ小手も動ぜず、如何ともなしえず。先生の立て続けの押さえ小手は鮮やか。七十三有余歳と聞きしが、激しい気迫はひしひしと身にしむ。残念ながら完敗で感嘆す。

加藤万寿一　範士八段（愛知）

昭和五十二年十二月十日
神奈川県立武道館

四〜五年ぶりの立ち合い。先生、剣先を利かせ攻め入る。

始めの一本は意外にも突いて来られる。われの剣先下がりしためか、危ない場面だった。こうなったかたちからからくも退き逃れる。先生得意の小手〜面は見事で、われ参る。小柄なるも素早く、また足の運びは速く、かつぎ小手も上手で決められる。われ、こんな状態なるも比較的攻め合いも打ち合いもあまり負けることなくスムーズだったのはどうしてか。先生の気力充実を見た瞬間、われもかき立てられたようだ。最後のわが面は少々短めなるもよく届いた。しかし自己満足はいかん。

反省

左膝曲がり、腰の残り少々ある。腰下がりにもなったと思う。左膝痛激しきをいかに今後とつなげるか、それを考えるといささか苦痛。

堀口清　範士九段（東京）

昭和五十二年十二月十四日　夜
全剣連合同稽古会　日本武道館

剣先を下げ利かせ攻められる。われ恐れず払い面に打ち込む。先生の剣先外れる。手応えわずかなるもあり。小手〜面と打ち込むは、防がれて全然通ぜず。心の持ちようは、この前の対戦より少しよい。やや力まず出られる。また打てる。果たしてこれが本物か。先生はほとんど打たず、前へ前へと攻め、突っ張り主体と思った。払う、張るなどからの打ちが出せたのではないかと反省。

反省

打とう打たれまいの心境を捨て去るにはいかにしたらと……。

三、負傷出場——（昭和五十三年）

攻め入ったら打たなくては

中倉清範士八段(東京)
昭和五十三年一月二十五日　朝
日体大寒稽古　大学道場

この稽古の内容はわれながら全く嫌になった一戦。全部というほど空振り。面は届かず、かつぎからの小手~面は少しもふれず、情けない。次第に攻められ、心と体は浮き上がり、胴を打たれ、横面を打たれ、小手~面も。とくに小手は見事に幾本も決められる。いかんとも出来ぬもどかしさだった。

先生講評。

一、攻め入る気迫不足。攻め入ったら打たなくては。

二、先生に懸かるだけでなく、同等と思うほどの気も必要。

三、遠間からの打ちが通らないのは、攻め入ることがないから。

小澤丘範士九段(埼玉)
昭和五十三年一月二十六日　朝
日体大寒稽古　大学道場

久しぶりにお願いする。枯れた剣風さすが。休みない攻め打ちと、防ぎの一体化は見事なり。われこれへの対応難しさを覚えた。先生の打ち少々軽くはあれど理の打ちで文句なし。

気の抜くところを打たる。強引さのみでは通ぜず、先生のこのところをとくと学ぶべし。

中野先生評（全員へ）

初心を以って寒稽古へ。引くな、出て打って出る。

大野先生評（全員へ）

ここで得たものを卒業後の精進こそ大切。

小澤先生評（全員へ）

正しい姿勢保持と正しい打ち方、攻め勝って打ちへと……。

逸見和夫範士八段（東京）

昭和五十三年一月二十七日　朝　小雪
日体大寒稽古　大学道場

攻め負けか、われ少し引く。心で攻められている。先生の入るところを打って出なければならぬ。しかしなぜか打てぬ。いたずらに小手～面ばかり打ち、当然防がれるのに、工夫が不足の愚の繰り返し。返し胴を打たる。終わり際の面はすり上げられた。これなどとくと見習うべし。途中一本なれど、先生の小手打ちに来るをとっさに抜いた面がうまく決まる。相手攻め打つを察しての技なれども無意識というべきか。会心の打ち。

反省

「理序行技」北辰一刀流の教えにあり。

理法にのっとった技でなければならない。事理一致させる。

この工夫研究は理に合った稽古をすべしとなる。

小森園正雄範士八段（東京）

昭和五十三年一月二十八日　朝
日体大寒稽古　大学道場

昨夏勝浦以来のお願い。剣先の攻め合い、やや押さえられたが思い切り裏から表への帰りしな面へ、小手～面へ、ともに受けられる。

この打ちのタイミングとコースが先生に読まれ

ている。こちらの攻めは通じない。もう一歩、否もう半歩の攻め入りが必要か。また先生がわが面に打ち来るを、攻め負け打ち負けしていたのでは押さえられない。鋭い打ちが出ないのは気不足と思う。それとわが手元は下がり過ぎではないか。逆に剣先が少々上がり過ぎではないか。課題である。

攻め合い、我慢のしどころ、打ち出す時機、機会のとらえ方など短い対戦ながら、打った打たれたの分かれ目となる。心すべきことだ。

渡辺敏雄範士八段(東京)

昭和五十三年一月三十日　朝
日体大寒稽古　大学道場

昨冬から一年ぶりのお願い。強引に入り来たりてわが面を打ちに来る。

われ、その出端の面をきれいに頂戴できた。ごく自然に出た技であり、体がうまく乗って出足ののびも良し。しかし面返し胴を幾本も打たれる。気分的にはあまり攻め負けたとは思えぬが、まことに情けない。懸かった一戦ではあったが、攻め打ちに工夫足りぬ。

中野八十二範士八段(東京)

昭和五十三年一月三十日　朝
日体大寒稽古　大学道場

久しく間が空いたお願い。先生は強い、うまい。幾本もすり上げ面を返された。もっと攻め入り打ち間を「詰めて」打たねばこうなる。逸見範士に打たれたのと全く同じ。考え、工夫が大不足。われ途中、先生の面打ち来るを出端小手一本いただく。乱戦の中から思い切りの面一本打てたが、いずれも満点でない。面は力ずくでの打ちで理合に欠ける。惨敗だ。

反省

一、すり上げ面を打たれたが、もっと打ち間を詰めること。

二、攻め負けているのにやたら打って出たのは不可なり。

三、剣先を殺す手だてを忘れ、ただ打って出ている。

四、上から上から乗る打ちを工夫だ。

山内富雄範士八段

昭和五十三年一月三十日　朝
日体大寒稽古　大学道場

少々間が空いたお願いとなる。

先生、剣先の働き生きている。表、裏から押さえ、一歩攻め来て、面を打たれる。お体の調子良好であるとおぼゆる。われ気引き締める。わが面打ちを幾本か胴へ返される。小手～面を速く打って出て一本決める。ほとんど押され気味。気迫負けの一戦。切り返しで終わる。

反省

剣先の攻め、間合、機会の理合を考えねば通じない。面打ちの際、わが握り力みのままの打ちでは押さえられるのは当たり前。要注意である。

中村伊三郎先生いわく「激しい気迫が不足。とくに小手～面は打ちがリズム的。個性的でない」（小手を打ち、間をおき面へ、その速さばかりに頼った打ちを指摘されたのか）。

渡辺敏雄先生いわく「のびのびの小手～面などの技は立派になった。工夫した技を身につけよ。もっと考えた稽古を……」（単調さを指摘されたのかも）。

われ、寒稽古を皆勤した。ほっとした。

最後の三日前の稽古で、左足親指のつけ根が久しぶりに裂けた。寒冷のなか、踏み切りの回数が多かったためか。学生にもだいぶ押さえ小手を打たれたのは、わが面打ち、無理のあった証し。風邪気味なるも体の調子は良好であった。

松本敏夫範士八段(兵庫)

昭和五十三年三月十六日　夜
全剣連合同稽古会　日本武道館

初めての稽古をいただく。印象深し。
立ち上がり、しばし攻め合う。剣先軟らかな感じ。やや間に入り、われ思い切った面打ち、われ決まったと思いきや、先生体を左にかわして小手を押さえる。また胴の返しの鮮やかな打ち、真っ直ぐな腕、スッとした一気の面打ちは、敏捷な足さばきと一致し、見事である。
ポンポンとリズム的に軽く押さえ打ち来る感じは、いかにも理詰めだ(強引さは少しもない)。無理のない姿勢態度、腰の入った立派な姿とともに印象深い対戦をいただく。

先生からの矯正点

わが面打ちに対しては、左腰をもっと入れること。左手親指の内側へのしぼり不足。右肘が横に張る。右親指のしぼり方を工夫せよ。中段の構えの左右の足の位置の悪しきを正せとのご指摘、有難し。

反省

範士の面打ちは、微塵も無理がなく、サッとして、真っ直ぐに腰の入って、崩れがない。大いに感知するところあり。

阿部三郎範士八段(東京)

昭和五十三年三月十六日　夜
全剣連合同稽古会　日本武道館

やや時間不足を感じた立ち合い。しかし気力充実、互いに攻め合う。先生得意の上から食いつくが如きポンとした感じの打ちにわたしの神経は集中させられた。わが打ちポイントにはならぬも、打たれもせずの立ち合いで、われながらよく頑張ったと思う。しかし、あともうしばらく続いたらどうなったか。打たれたかも知れぬ感じもなくはなかった。先生の打ち、とくに面は、何か動物が獲物をねらうが如き雰囲気がある。上側からパッと飛びかかるが如きで、遅いようで速い打ちであった。これが印象強い。

大野操一郎 範士九段（東京）

昭和五十三年三月十八日　午後
東京学連稽古会　大学道場

先生九段昇段後、初の対戦。とくに胴を返されるので留意して立ち合う。

始めにわが小手に来るを、うまく抜いて大きな面をいただく。会心の打ちと見たが、先生少しも動ぜず、なかなかの強心というべきなのか、立派というべきか。わが面打ちはうまく眼前で防がれる。われ、腕を下げ、体を寄せて後打ちを防ぐ。これは成功か。しかし、わが攻めからの一本打ちの面、かつぎからの小手～面は通ぜず。防ぎを意識したわが打ちは捨て身でないと感ず。先生の少々かついで打ち来るのがよく目につき防げた。近間で突っかけられ、押さえはしたが、この威力にわれよたよたす。

反省

捨て身が不足、出端への打ち不足、消極的は不可。

無心になれず

井上正孝 範士八段（東京）
昭和五十三年三月十八日　午後
東京学連稽古会　大学道場

わが遠間からの打ちは、あまり成功せず。それが防がれたのは攻め不足、また打つ機会も良くない。間がずれている。逆に近間で先生のチョコンチョコンの打ちは、ときたま当たる。軽いとはいえ、この間合でこのような打ちは打たれないようにせねばならない。

心の持ち方、肝がすわっていない証し。

反省

間合の取り方、近間で対するな。間を取るか、逆に体を相手に接すべし。中途半端はいけない。剣先を正中線から外すな。一緒になって打つな。手元を押さえていれば、打たれないはずだ。気位欠如か。懸かっているかたちなれど、同等の気分。ここが大切（失礼のことではないと思うが）。

三重野節雄 教士八段（長崎）
昭和五十三年三月二十六日
第二回明治村剣道大会　無声堂

一回戦

剣先表裏からしばし激しく攻め合う。先生、剣先裏から表へ回らん端へ、われとっさに下側から小手を打つと驚くほど決まる。

二本目、先生やや焦り気味、攻め面など打つも不発。攻め合い後、われやや強引にかつぎ小手を打つを先生そのまま抜いて面、うまく決められた。

この一本打ちはいけなかった。跳び込んだら懐へ入ることだ。
勝負となる。また攻め合う。両者打ち合うも不発。その後、先生の引き際をうまく小手～面が決まる。面ありで辛勝。両者の攻め合いは、精神的には五分五分だと思う。

反省

相手の出端への面打たずは相手を恐れしか。

森島健男範士八段(東京)

昭和五十三年三月二十六日
第二回明治村剣道大会　無声堂

二回戦

面金越しに互いの目と目じっとぶつかり合う。われ押されを感ぜず。少々長い攻め合いだった。先生面打ちに来る。われ胴を抜くも少々下がり決まらず。体の入れ替わり振り向くを、先生すぐ後追いの面で先取される。反省。残心不足と思う。
二本目、互いに攻め合い、しばし機をうかがう。時間の経過もわかる。しかし、あまり焦りなし。一瞬われ剣先突き上げ気味に「功捨てて」跳び込みの胴へ、先生ちょうど大きく諸手を上げた瞬間、目の覚めるが如きが決まる。気分いよいよ高まる。
勝負となり、攻め合う。われ思い切り小手を攻め打つ。先生この勢いに退くをスムーズに次の面が決まって辛勝。精神的にわれ負担感じずは、先生あまり打ちきたらずのためかと……。われ積極的な思い切った小手、面の攻め打ちは良しと思った。先生、剣先崩れずわが胸部へは立派であった。

井上晋一 教士八段(京都)

昭和五十三年三月二十六日
第二回明治村剣道大会　無声堂

三回戦

延長三回目の対戦、小手を攻め打たれた。右腕上部へ剣先深く、それに屈した。わが弱点を衝かれた一戦。しかし、終始相手を追いつめていたと思う。身心ともに焦りもなく、敗れたは遺憾だが、「勝負に負けたが、試合に勝った」、そんな内容と自負する。相手は得意のかつぎ小手面、かつぎ小手と再三再四打ち来る。ときに防ぎ、応じ返しの胴を打つも審判の手拳がらず、体勢が悪かったのかと反省する。

また一本、近間から、相手がわが竹刀を左に押さえし端へ手首を返して面へ。この一撃は成功だったが有効とならず。途中追いつめながら、面、あるいは小手~面の一撃が出なかったのが残念。勝てるその気分なくはなく、すぐ打ち消したがこんな気分では駄目。無心が大不足。

（主審小川政之、副審時政鐵之助、佐藤毅の各範士）

反省

一、剣先を押さえ、相手を外すことを考えたが、なかなか出来なかった。

二、攻め、出端への打ちが出なかったのはなぜか。

三、「肝」を練る。毎晩坐禅の真似事を約四~五分間数えて百五十回くらい。焦りや気持ちの上ずりがなかったのはそのせいか。

四、稽古量を多くと考えたが、過去やり過ぎで膝へ水の溜まるを恐れた。風邪で思うほどやれなかった。

小中澤辰男 範士八段（神奈川）

昭和五十三年四月九日　午前

日曜稽古会　川崎市立柿生小学校

幾年ぶりかの立ち合いとなった。間が空き過ぎた。

間合詰められるを警戒する。なかなか打ち込めず割って入りつつ面をと思えど打てず。やむなく小手〜面と攻めるも、うまく防がれ不発。幾度となく近間で互いに打つも決め手なし。次第に押され気味になる。こんなはずでないと思えど、少しも隙なきには閉口した。時間切れ（五分少々）で終わる。範士の手元などへの攻めは充実したもので、われは精神的に圧せられていた。気迫、気迫の充実を。

反省

間合を詰めながら捨て身の打ちができなかった。剣先をあまりにも気にしすぎ、平常心欠如となる。これでは通ぜず。

阿部忍 教士八段（東京）

昭和五十三年四月二十七日　午後
日体大授業　大学道場

先生、範士号の推薦を受けて、その意気込みの凄さを感じさせられた。われ、やや臆した内容で、先生得意の小手〜面を連発され、われ受けて回り、結局打たれた。われも強い攻めを中心に打ち負けせず打ち合うべき一戦であったと猛反省。

山内富雄 範士八段（東京）

昭和五十三年四月二十七日　午後
日体大授業　大学道場

われ少しく気合の入った一戦。一本も打たせんぞという気分は優位となる内容を感じた。かつぎ小手〜面、一本打ちの面はかなり先生に通じた。また先生の攻め入るを押さえ、防ぎ、反撃に転じる気迫を覚えた。

反省

先生の気位の高い構え、威あり。少々の攻めでは通ぜず、じっと動かずとっさの返し胴は見習うべき。静と動の輝きを感じた。

阿部忍教士八段（東京）
昭和五十三年四月二十八日　午前
日体大授業　大学道場

昨日対戦の失敗を肝に銘じて立ち合う。
立ち上がりから激しく剣先を利かせる。打つ機をうかがう。先生昨日と同じく得意の小手～面打ち来るを返し胴に決める。先生ややひるんだを感知し、逆に小手～面と決める。この気迫攻めは大切と心に刻む。昨日を反省せし一戦。先生の小手～面は、小手を打ち、少々の時間的間を取って打つ大きな面なり。これは、その場で見たり引いたりすると打たれる。われもこの打ち、身につけなければと……。

今井三郎教士八段（茨城）
昭和五十三年五月六日　午前
第二十六回京都大会立合　武徳殿

攻め合いは双方相手をうかがうこと六十秒近く、われよく我慢する。先生かつぎ小手から面へと思い切りよく打って出る。われ小手に押さえ出て防ぐ。鍔競り合う。分かれ際、先生わが竹刀を押さえ引き小手を打つも決まらず。またしばし攻め合う。先生、小手～面と攻めて来るが、われ体を左に開き、小手を打つも軽し。われ攻め機を見て間に入り、思い切り下側から小手を打つ。一本と思いしも認められず。分かれ、直ちにわれ続いて小手～面はのびられず。分かれ、またまたわれ大きな面打つも、先生頭を横にして竹刀首筋へ当たる。時間切れで終わる。

反省

一、始めから積極的に攻め打つが必要だった。

二、相手の前半の打ちに出端への対応がまずかった。気分が押されていたのか。終わりに近づいての積極性は良し。

剣先を殺し、割って乗って打て

湯野正憲範士八段（東京）
昭和五十三年六月十日　午前六時
第二十五回関東高校大会朝稽古　栃木県武道館

実に六年ぶりは先生大病（心臓疾患）後である。じっと剣先を合わす。微動だにしない剣先、小さくスッと間合を詰められる。われ引く、止まる、三、四度と攻め合う。われその出端へ面打つも、先生の剣先咽喉に……。

さらば、とその出端へ表より軽く払っての面打ち、これは決まる。しかし、わが右肩と握りに力入りたり。長いご病気後の先生、意外に気攻め強し。打突なきはやむを得んが、われにやや遠慮あるもわが打ちはしばしば止められる。ご順調を喜び昔日のお立ち合いを拝見したいとも思った。またご指導をと願った。

湯野正憲範士八段（東京）
昭和五十三年六月十六日　午後七時
全剣連合同稽古会　日本武道館

前回から約一週間ぶりのお願い。われ前回を反省、つとめて引くを戒める一戦となった。

今夜は、先生剣先での間合に入るや、われ割って面打ちへ数本当たる。先生の剣先咽喉より外れたため。また肩、握りの力入らず素直な出端の打ちとなる。小手への攻め打ちも手応えありと感ず。先生打たれるも姿勢態度少しも崩さず、淡々たる剣風は見事な心境。またご病気の後のことも、われ心配しつつ立ち合った。ご無理をせんようにと心から願った。

反省

われも打たず、攻め合いを中心にした稽古をすべきだったのではないか、強くひっかかった。

中野八十二範士九段（東京）

昭和五十三年六月十六日　午後七時
全剣連合同稽古会　日本武道館

先生新九段に昇段後、初めてのお願い。われ気負いを感じた。体調などまずまずなのに、われ攻め負けて少しも通ぜざるは残念だった。九段になられたことへの意識、われ少々強すぎた。攻め合いも攻め入られ、われやむなく打って出るも面は返し胴を受ける。小手〜面も同じ。かつぎ小手は先生、右小手を竹刀から外して防ぐ悠々たる有り様。また、われ居つくと見るや、小手〜面と打たれる。間、間合の取り方、ことのほかうまく、われはただ打つのみ、まるで懸かり稽古のよう。切り返しで終わる。

反省

一、剣先を殺し、割って乗って打てない。
二、面打ちは、振りかぶりが大きすぎないか、また遅れてはいないか考える。
三、間が遠間であったのではないか（気負いすぎたようだ）。
四、今回は一本もすり上げ面を打たれなかったのはなぜか、よく考える。
五、次回はさらに工夫して挑戦したい。

小川忠太郎範士九段(東京)

昭和五十三年六月十六日　午後七時
全剣連合同稽古会　日本武道館

攻め合い後、範士の面に来るを、われ切り落とし気味に合わせるとうまく決まったが、あとは圧倒される。手厳しい攻め。範士に初太刀から先に打ち込まれるような根性ではいかん。何が何でも攻め崩し、先の技、懸かりの稽古をせねばと思う。時間も大不足とはいえ、わが心の対応の拙劣さを思う。反省深し。

中野八十二範士九段(東京)

昭和五十三年七月二十日　夕
全剣連合同稽古会　日本武道館

前月の返し胴、先の技の不足をふまえ、厳しい攻め合いから積極的な打ちを意識した。しかしややもすると、逐次間合に入られて圧迫を受ける。思い切って面、小手～面と立て続けに打って出るも不充分な打ちとなる。幸い返し胴は稽古中一本のみで済んだが、わが打ちは全く決定打とならず、遺憾である。七分三分でわれに不利。苦しまぎれの突きも届かず。続く打ちも打てずで心残りだった。

反省

もっと腕、肩の力を抜け。間合に入ったらもっと打って出ろ。どうにもならないのは位負けか。

佐藤貞雄範士九段(東京)

昭和五十三年九月十三日　午前
川崎市消防研修　石川記念武道館

ぐいぐいと攻め、間合に入って来る気迫に、われたじたじと退く。攻め返しも効かない。なぜだ、懸かり稽古式になっていく。わが打ちは情けなし。小手～面と近間で速く打った一本のみは、かろうじて届く。他はすべて何本となく受け止められ、返し胴に返される。

反省

遠間から大技の面を打つ気がしなかったのは、速さのみに頼ったか。間合に入られて無理な体勢での打ちは緊張し過ぎたか。気合も自然と入った。疲れが出た一戦だった。

池田孝男氏（千葉）

昭和五十三年九月十七日

関東七県大会（国体選手強化）　栃木県武道館

左腓腸筋の肉離れを起こす。

試合中、相手転倒の際、わが左足ふくらはぎに何か竹刀のようなもので叩かれた衝撃を受けた。試合続行し構えるも痛く、左足前の変則構えのまま何とか引き分けで終える。

原因

一、一回戦対茨城戦で、相手があまりにもくっつき、これを離すため、われ動きすぎた。このとき、左右への足の運びに無理があったのではないか。

二、二回戦で思うように出られずずるずる引き、左足に余計体重がかかって負担となったのではないか。

三、左足に体重が乗りすぎたかも。

四、二回戦の準備不足ではないか。

五、われの剣道自体に無理があり左足へ負担がかかったのか。あるいはひねりがあったのではないか。

処置　次の決勝戦は棄権不戦敗となる。後、栃木県剣連のご好意で村岸外科に診断を仰ぐ。前後左右に力を入れ動かし、患部の痛いところを触診し、冷湿布しサポーターで固定した（軽く）。軽い肉離れで内出血はなしとのことで一安心。静かに個室で冷湿布することで終わった。

十月一日、熊本市で開催される全日本東西対抗戦は棄権。

経過　在宅時は痛く跛行もやっとの思いで閉口する。一晩冷やした結果、少し痛みはとれた。のばす、歩くと痛いので学校は休み、静養した。翌日から自転車で登校。

事後十二月中旬まで三ケ月かかった。冷湿布後、温める。マッサージと繰り返し、忘れた頃にやっと治った。

後記　十月十七日の長野国体では閉口した。意志力のみで頑張った。大将戦は三勝一敗一分け。構え左足前、打てず前へ動けず、かつぎ小手のみは厳しい。三位決定戦は敗け。

我慢。こらえ切れず……

岩永正人教士八段（長崎）

昭和五十三年十月十七日　夕
第三十三回国体　長野県中野市民体育館

二回戦（大将戦、一回戦はシード）
肉離れ（左足ふくらはぎ）から今日でちょうど一ケ月。
ろくな稽古をせず（実際はできなかった）参加。前日の調整稽古もたった一～二本。まだ左足に違和感を覚えての立ち合いであった。左足を使わずにその場打ちで強く打つには小手だととっさに決めた。

　初めての対戦は大将戦のわが一本にすべてがかかった。しかし全然というほど勝とうとか負けとかの気分なく、しばし剣先の攻め合い、打ちへの探り合いをする。相手剣先を押さえてみると、サッとした反応あり。打とう攻め入らんの気、充分感じる。われさらばと逆にツッとわずかに前へ入り、小さく鋭くかつぎ小手、相手手元上がり端へ快音を残してうまく決まる。これは全く無心というべきものだった。

　二本目はわれ間を詰めんとするも、相手大身でなかなか入れない。相手なかなか小手打ちがうまいので警戒心もあり、われ打って出られず。足の具合も頭に引っかかり、面や小手～面も打てず。小競り合い後、われ近間から一本思い切り面へ出るも旗上がらず。相手もわが小手をねらい打ちに来るも許さず。われ誘いの間を詰めて相手の面打ちを、ややかつぎの小手で押さえてやっと有効打とする。二分五十秒くらい経過。

反省

　こんなで面も打てず不本意な勝ちとなったが、やむを得ないという気分。痛みもだんだん強く感じる。明日からの試合が妙に気にかかる。

古村幸一郎 教士七段（長野）

昭和五十三年十月十八日　夕
第三十三回国体　長野県中野市民体育館

　三位決定戦（大将戦）
二回戦、三回戦、四回戦とほとんどで大将戦は一本勝ちのかつぎ小手のみで、ここまで勝ち上がる。
　わが構えは左ふくらはぎの断裂で前日より左足前の変則。相手はやりにくかったか。しかしわれ、比較的冷静だった。心に決めたわがかつぎ小手も、相手は知悉の状態で間合を切ったり、押さえたりして来る。その都度鍔ぜり合いとなる。

われ、面、小手~面は如何としても思い切れず、払い小手を打つ。手応えを感じたが一本とならず（何分左足が使えず体は崩れている）。またわれ誘いの攻めを入れるも、先生構え右、左にと開く。片手横面を打つのでは、とわれ疑心暗鬼となる。本来ならこのとき、突きから面、払い面、押さえ面などがあるが、いかんせん打って出られず、時間経過で焦る（引き分けはなし）。延長戦に入る。相手もたびたび横の変化（足さばき）を始める。第一試合場での決勝戦もすでに終わっている。だいぶ焦燥感に陥る。我慢こらえ切れず、相手横への動く瞬間、われかつぎ小手を打たんとするも、その一瞬相手小さな出小手を打ち、決められて終わる。引っかかるが如きは不覚である。結果は無念なるも、延長戦やむを得ないとした。

反省

一、負け惜しみになるが、攻め打ちのできないこの足を残念に思う。

二、相手は始めから終わりまで一度も打たず、ひたすらワンチャンスをねらったのは立派。その我慢強さを見破れず不覚をとる。思い知らされる。

後記

一、この大会の後、十一月、十二月と出稽古など余儀なく取り止めた。

二、竹刀の握れぬ腑甲斐なさと淋しさはこのうえなし。

三、九月に筋肉を切るということから試合出場など無理を重ねた結果、回復は意外に手間どった。反省、悔悟の期間は長かった。

四、攻めの理、打ちの理を勉強せよ——（昭和五十四年）

足腰を崩すな

小森園正雄範士八段(東京)
昭和五十四年一月二十三日　朝
日体大寒稽古　大学道場

残念ながら終了前の短時間で少々不満足の対戦となる。やや高目の剣先にわれも合わせた。出端の機ねらうが見えず。われ小手〜面を少々強引に幾度も仕掛けるが不充分。わずかに面に乗れたのは少しだけ。これも良くない。われの居つきをパンとした小手を打たれる。気分的に圧せられて終わる。恐がらずにまず面をなぜ攻めないのか。小手から姑息に打って出るようでは駄目と反省する。全く通ぜず、心貧しい立ち合いとなり、それを恥じた。

大野操一郎範士九段(東京)
昭和五十四年一月二十四日　朝
日体大寒稽古　大学道場

間が空き約一年ぶりのお願い。返し胴は数本打たれる。われ、面、小手〜面を幾本か繰り出すも、うまく防がれる。

一回のみだったが、近間でパンパンと手首の効いた冴えた打ちの面を打たれる。これは初めて。その巧さ、強さを知らされる。攻め合いもなかなか強く、入れず攻め負けてじりじりと引く。近間は危ない、いけないと思った。残念ながら全体に攻め負けと認めざるを得ない。

反省

一、引いたり居つくといけない。ここを打たれる。

打った後の心の構えと姿勢の維持、足腰を崩すな。

二、先を利かし遠間で打って出ること。

先生講評。

一、鍔ぜり合いなど気を抜くな。

二、気力の養成、十日間をまず通せ。

三、素直な剣道なるも気力不足なり。

小澤丘範士九段（埼玉）

昭和五十四年一月二十六日　朝

日体大寒稽古　大学道場

期間が空いて一年ぶりかも知れない。一所懸命にお願いする。面、小手、小手~面と打ち懸かるも防がれる。範士はわれを休ませず、小手、面など実にリズム的に攻め、ポンポンと打ち来る。この気力と体力に押され、おまけにタイミングにも合わず、思わずじりじり後退、そして打たれ参った一戦となる。切り返しをして終わる。

中野八十二範士九段（東京）

昭和五十四年一月二十六日　朝

日体大寒稽古　大学道場

約一年ぶりのお願い。先生九段になって三回目かと少々緊張する。

しばし攻め合う。われ間に入れず、範士も入らず。われ思わず腕、肩に力が入る。しばしあって思い切った遠間からの面打ちは不十分だった。返し胴打たれず。この攻め打ちは良しと。小手~面も仕掛けるも、なかなか通ぜず。深間から範士のヒョイとした引きへ思わずの面が鮮やかに決まる。

この呼吸を忘れるな。次に思い切ったかつぎ小手から面へと思うが、小手打ちの段階で範士は右手を外し、間合を取る。面は打てず。この攻め方は無理とわかる。先生に読まれたのは大反省。途中、だんだん息上がるを覚える。攻め合い押され気味なるも、あまり打たれず打てず、前半を終える。後半は攻められ、だんだんと引きはじめ、居つきをうまく面を打たれる。次に先生の小手を一寸押さえたが弱し。返し胴も幾本か打たれる。実力の差歴然たる内容。勝負とならず、叩かれて終わる。気合の入った五分、勉強になった。

反省

攻め負けない剣先の働き、遠間からの打突に努力。相手と合わせていては打たれる。切り返しで終わる。

小澤丘 範士九段(埼玉)

昭和五十四年一月三十日　朝
日体大寒稽古　大学道場

懸かり稽古のつもりでお願いする。

正確な足さばき、とんとんとリズム的な打突、体さばきはとうてい七十九歳とは思えぬ。精密機械の如し。感嘆する。相手を休ませぬよう心掛けての攻めの強さ、体調保持の法など、うまい下手などを通り越した何かがある。それを学びたい。

中野八十二 範士九段(東京)

昭和五十四年一月三十日　朝
日体大寒稽古　大学道場

前半、範士の気心に負けずの意地を張って攻め合う。途中、打ち合うこと三、四合、われ引き際に面一本いただく。先生の力みのない思いのままの打ちは是非とも学ばねばならぬ。後半はまたまた攻められ、追い詰められて面を打たれる。先生の出る端を押さえて出たところ、返し胴を二本うまく打たれる。完敗。後半は完全なる攻め敗けとなる。息も上がったが切り返しで終わる。引き面など打っているようでは、攻め込んでの面打ちは身につかないと反省する。

反省

一、あの攻め、打ちへの重圧を、かわしきれないのはどうしてか。

二、なぜ出小手へ出られなかったのか。

三、切り落としの面もなぜ出られなかったのか。

四、すべて攻め負けだ。攻め返しの勉強を誓う。

小澤先生の教え

一、打った後、剣先を下げ構えを開いてはいけない。

二、いつでも真ん中を取る外さない攻めが大事。開きから打つのは遅くなる。逆に返される。

三、寒稽古で気力を作れ。強く真ん中を取れ。

玉利嘉章範士八段(東京)

昭和五十四年二月六日　夜

全剣連合同稽古会　日本武道館

ずいぶんと久しぶりのお願い。例の如く表裏を剣先で攻め、押さえて来る。

攻め返しを試みる。攻めの勉強が少々長く続く感じがする。われ、面、小手~面と打ちに出るも、範士の剣先、常にわれの咽喉にあり打ち抜けない。しかし焦りはあまりなく、気分的に圧迫感はなく、「打つと思わず」「打たれると思わず」を経験す。

反省

一、「未だ打ち気過ぎる」のご批評。われ、まだまだ不足。攻め不足、また気位もと頭をよぎる。

二、一本でも決定打が出ればどのような展開になったか。

中村廣修範士八段（茨城）
昭和五十四年二月六日　夜
全剣連合同稽古会　日本武道館

攻め合いの後、思い切って面、小手～面打ちにスムーズに出た。手応えあり。先生腰から下がやや崩れたように見えた。往年の凄味が感ぜられなかった。なぜか心に残った。

佐藤貞雄範士九段（東京）
昭和五十四年二月二十三日　午前十一時
川崎市消防助教研修会　石川記念武道館

攻め。私が打てばそれを防ぎ、すぐ反撃して来る。そしてあの気迫と体勢は瞬時も許さぬというが如し。剣先の動きは、長い間培われた結果とはいえ、ひとつも許さぬと心掛けておられると思った。忘れられない教えのひとつとなる。

小手～面、面と打ちかかるもうまく防ぎ、ぎりぎりとおぼしき返し胴の速さ、上手さに感心する。三本勝負の声。われ、分の悪い内容となる。積極的に打てない、攻めの弱さは如何しようもない。「焦り、いらだち」のような気分。またひとつ剣道は難しいなあと実感する。対応できない自分が淋しい。われ、精神面の鍛え方が多分に駄目だった……と大反省。

大津峰治教士七段（神奈川）
昭和五十四年三月七日　午前
川崎市消防助教研修会　石川記念武道館

横面一本、諸手突き一本は全く無防備のように決められる。まさかの敗退である。わが剣先は咽喉部から外れる。気力で相手の剣先を押さえる気攻めを忘れていたのだから、この事態は当然のことである。打ちも先生の出端へ面出せず、とくに小手を攻め打てない。わが心の大敗である。気力が不足がちの最近の自分を露呈させられた。八段が泣いている。
例年の花粉症（とくに鼻水）らしいが、そんなことは理由にもならない。われ、命懸けの修行したのか。大反省しても足りない。

気迫負けでは勝負にならぬ

長谷川壽範士九段（大阪）
昭和五十四年三月二十四日　午後
明治村大会前日稽古　犬山市体育館

関西の先生。初めて、手の内も全く不明のままでお願いする。攻め合うもなかなか手元堅く打ち込ませず。わが思い切りの面は胴に返される。軟らかな鮮やかな手の内である。続いて、わが面打ちが鋭く逆胴に返される。業の切れ味が凄い。印象に強く残る。われ、気分的に張った心積もりで鋭く打ち込むも、なかなか通ぜず、まことに残念だった。

反省

二ケ月余に及ぶ風邪とはいえ、いまひとつ背筋の利かぬ不調を残念ながら感じる。また明日の試合への雑念にもかられた。とくにこのような先生に対して、どう攻めたらよいのか、理合の打ちとは全くつかめずのまま終わる。

松本敏夫 範士八段（兵庫）

昭和五十四年三月二十四日　午後

明治村大会前日稽古　犬山市体育館

関西の先生。理論派としても有名。昨年三月十六日、日本武道館で行なわれた全剣連合同稽古会で初めてお願いした。

攻め合うも手の内の軟らかさをまず感ず。力みのない足、体のさばき。すっと間に入り、小手、面と軽い打ちなれども真っ直ぐ無理なく打たれる。返すすべなし。わが意識した強力な打ちは駄目、全く通ぜず。とくに先生の軟らかさは無理がない。強く勉強させられた。わが攻め打ちなど、すべて読まれた。返し胴も見事だった。

先生いわく「汝が構え、左手の位置右へ少々片寄り過ぎ。右手の堅い握りで打ちは無理なり」と。

二点の指摘、わが欠点なり。軟らかさ、素直さ不足も大欠点だった。体の不調は無しとするも風邪のこと頭にあり、困ったのも事実。明日を考えると不安感あり。

松本明正 教士八段（北海道）

昭和五十四年三月二十五日

第三回明治村剣道大会　無声堂

一回戦

われ、攻める。いかにしても面への打ちが出ず閉口する。先生の打ちをやっと防ぐ始末。延長直後、先生面に打ち来る、出端への小手の一本勝ちなるも不本意なり。先生もわれも一本打ちに小手をねらった。勝負にこだわりすぎて格調なし。恥ずかしい一戦。わが打ちし小手~面は外れた。気力も何か充実せず、気分的に背筋の芯が一本抜けたようで残念なり。

勝ち負けに拘泥せず、堂々と打ち合う心境に程遠し。反省強し。

野正明和 教士八段（福岡）

昭和五十四年三月二十五日
第三回明治村剣道大会　無声堂

二回戦

われ、思い切った小手〜面で攻めかかるが、いかにしても一本とならず、受け止められる。返し技打ち取られず幸いした。攻めが弱いのか。先生面打ちに出るを、われ出小手で先取。やっとの思い。しかし時間終了間際で、先生の思い切った攻めうまく面を決められる。対となり延長戦へ。勝負始まって間もなく、先生すぐにまたもや前と同じ面打ちに来るを、われ出小手に決める。攻め負けとは思わぬが、どうも引き気味。依然として攻め打ちはバラバラ。心の持ちよう恥じ入る。辛勝で苦しい一戦。

西野悟郎 教士八段（高知）

昭和五十四年三月二十五日
第三回明治村剣道大会　無声堂

三回戦

気分不調のまま立ち合う。しかし勝負はわからぬ。逆に楽勝のかたちとなる。立ち上がり、しばし剣先でのさぐり合い、なかなか両者打ちに出ず。われ、やむなく小手への打ちを少し見せる。そのまま思い切って面へ出るも防がれ、鍔ぜり合いとなる。離れ際、一足一刀の間合にならんとする一瞬、わが面打ちが素直に出て、うまく先取。

二本目、相手の出る気を察して逆に間合へサッと入り小手を打てば決まる。われながら驚くほど気分的に終始リードできたと思う。体調は持ち直したのか不明。勝負はやってみないとわからぬ。

森山衛 教士八段（東京）

昭和五十四年三月二十五日
第三回明治村剣道大会　無声堂

準決勝戦

立ち上がり攻め合う。気迫の強さを受け、手ごわいと感ず。先生思い切りよく小手～面の連続技を出して来る。われ、ずるずると引いて、あっという間に面を決められる。一番悪いかたち、明らかに気迫の負け。

二本目、これではいかん先を取らねばと、思い切った一本打ちの面を打たんと思いしが、突如小手～面がひらめき小手をかつぐと、先生待ってましたとばかり、わが右小手をさっと出端にうまく決める。すっかり読まれていた。相手が上、万事休した。まことに鮮やかな相手の勝利、参った。口惜しい。後悔しきり。

反省

三位とはなったものの恥ずかしい内容だった。こうした相手では気勢の充実が大切。逆に機先を制し、打ちかからねばならぬのだ。立ち上がりの気迫負けがすべてと思う。手も足も出ぬ一戦、肝に銘ず。

中野八十二範士からもあとでわが考えとほとんど同じご指導ご批評を受けた。決勝戦はこの森山八段が地頭江徹郎氏（大阪）を破って優勝した。気力溢れる戦いぶりは、若手で充実しておられた。心から祝す。

小中澤辰男 範士八段（神奈川）

昭和五十四年四月二十二日
県錬成稽古会　神奈川県立武道館

ずいぶん間を置いたお願い。われ、あまりにも先生の剣先を気にしすぎた。肩に力が入り手の内堅く、打ちがスムーズにならず、歯痒く感じた。

無理な面、小手～面など幾本となく打って出るも、ほとんど出端へ小手を打たれる。完敗。一本も打てず残念に終わる。

反省

一、剣先を気にせず（意識過剰）スッと攻め打ちを出す。割って入る、上から乗る……などを考えなければならなかった。

二、先生の出端をもっとねらうことも考えねば。しかし攻め返しがなかったので、それもできない。

三、剣先の攻め強く感じているまま、無理な打ちに出ることは避けるべきではなかったか、反省しきり。

再反省

先生が打ちに出られないのなら、われが攻め切って、思い切った打ちに徹すべきだった。先手を常に念頭に置きながら、あの出端を打たれないよう工夫すべきだった。この辺の勉強不足。間合も今少し詰めたらよかった。工夫、工夫、これが常に必要。心の持ちようも良くなかった。後手にまわっていた。

岩永正人教士八段（長崎）

昭和五十四年五月四日　午前

京都大会朝稽古　武徳殿

大柄で、サッと攻め入っての小手打ちはなかなか速く、何本か打たれる。これは学ばねばならぬ。また面打ちは双方五分と五分で決まらず。

先生の引き離れ際からサッとわが面へ来る打ちは鋭く油断ならじ。先生の小手～面と打ち来るには、われの切り落とし気味の面が、わずかに速く幾本か届く。返し胴も素直に打て、遅れず良し。けれん味のない真っ直ぐな打ちは勉強になった。

長崎正二郎 教士八段（東京）

昭和五十四年五月六日
第二十七回京都大会立合　武徳殿

檜舞台。姿勢態度を意識しすぎか。先生、わが剣先を押さえ攻め入らんとする。わが心の隙をついてきた感じ。先生の攻め入らん端を、われ小手～面と渡るも不発。近間となり無理な打ちで深追いとなる。このため先生のかつぎ気味の小手が決まり、一本先取さる。しかし先生の攻め打ちに対して意外に冷静さを保つことができた。間もなくわが遠間からの小手～面が決まり、「対」となる。その後は互いに打ち合うも決まらず。われ、やや無駄な面、小手～面多く、悔やむ立ち合いとなる。

反省

無駄な打ち、動きとともに応じの技も出せず、不満、不足しきりなり。

中島五郎蔵 範士八段（東京）

昭和五十四年六月十三日　夜
全剣連合同稽古会　日本武道館

攻め合い、機をうかがう。先生しきりに手元を上げ、誘いをかける感じあるが、われじっと我慢。遠間より先生の出端へ放ったわが小手～面は少々手応えを感ず。近間からわが引く間のわずかの隙に、先生手元を攻め押さえ小手を切る。その竹刀さばきは鮮やか。また、近間から引き際を押さえ攻めての表突きも見事に受ける。あの間と気分は忘れない勉強となる。思い切りスピード、足を利用した遠間からの払い面に手応えを感ず。先生の攻め入る気迫と足さばきには感嘆。気を抜かぬ一層の努力を教えていただいた。

反省

今日はとくに暑い日であり、ややもすれば気のゆるむを、先生は許さぬ攻めをもって無言で教えられたと思う。疲れる。

わが心の貧しきを恥ず

中倉清範士九段（東京）

昭和五十四年六月十三日　夜

全剣連合同稽古会　日本武道館

九段昇段後初めてのお手合わせ。

剣風相変らず。気の攻め、打ち、ともに激しい。横面（左片手）三本打たれた。胴打ちも、左足前のやや変則気味だったが打たれる。反省しきり。左足前からの小手打ちは今回何とか外した。ハッとさせる攻め、そして打ちのタイミングを何とか学びたいと思った。われの攻めによる小手～面、面ともになかなか通じない。攻め打ちで先生を少々退かせたが、次なる有効打につながらない。近間となって警戒していても打たれる。気迫のつながりが崩れているのか、崩されているのか、どっちにせよ、いかん。真ん中から崩しての攻め、そして打つ呼吸、わからない。とにかく心身ともに疲れ、息上がる。打ち込み、切り返しで終わる。

後、私の質問に先生いわく「ただパンパンと打つだけでは駄目、通じない。攻め、打ちを中心にした理を、その年（五十六歳）ならもっと覚えないといけない」と。将来への大事な指針をいただく。努力、稽古、稽古。上手へ上手へ、攻めの理、打ちの理を求めて。

小川忠太郎範士九段（東京）

昭和五十四年六月十三日　夜
全剣連合同稽古会　日本武道館

先生の教えの一端でも学ぼうと、われ、心をもって立ち合うも、つもりのみとなり残念。面の一本打ち一本として決まらず、かえって切り落としの面を見事に打たれる。先生の一本打ちに対して、われわれの出小手は手応えを感ず。先生もその小手を上げて参ったのご様子。打たせてくださったのではないか。七十八歳のお年で、気迫、打ち、ともに参るばかり。

反省

思い切れ、攻め打ち。小細工は禁物。出ろ出ろだ、真っ直ぐだ。

奥山京助範士八段（秋田）

昭和五十四年八月二十一日　午後
日体大遠征合宿　秋田経済大学体育館

久しぶりのお願い。やはり厳しく激しい攻め、打ちでずいぶんと緊張させられ、わが腕に力が入った。精神的に圧迫を受けたが、思ったよりは少ない。暑い最中で先生も多少ともにひるみがあったのではないか。

わが小手～面の打ち、手応えあり。しかし先生の攻めからの小手～面が冴え、打たれる。立ち合いは五分と五分と思いたい。

反省

もっと攻め押さえ、間を詰め、相手を誘い出して打つこと。剣先を外さないで乗った気分をもってときっちり出したい。しかし「乗る」とは、わかったようでわかっていない。一に工夫、二に工夫が大切だ。

楢崎正彦 教士八段(埼玉)

昭和五十四年九月九日
関東七県大会　茨城・水戸第一高校

埼玉と大将戦。久しぶりに感激の対戦。望むところである。しばし剣先での探り合い、両者打てず。われスッと入り、小手～面と思い切ったが当たらず。先生、面、小手～面と、遠間から勢いある打ちを出す。防ぐことはできたが返せず。鍔ぜり合いから二度引き面を出す。自己満足の気はあったが有効打とならず。先生のかつぎ小手決まらず。開始後約四分三〇秒ぐらい経過か。先生、小手～面と来るを、われ小手に押さえたが、やや上がり過ぎ。先生の面、わが面に当たりこれが決まる。

反省

攻め切れたと思っていても攻め切れていない。引き分けを一時考えた消極的戦法災いとなる。遠間からの打ちをよくよく勉強すべし。わが心の貧しきを恥ず。

佐藤貞雄 範士九段(東京)

昭和五十四年九月十九日　午前
川崎市消防研修会　石川記念武道館

七十五歳とはとうてい思えぬ剣さばきに驚く。すっと間合に入り来る気迫、いつでも応じ技へ対応できる自信のほどを感ず。われ思わず打たれじと間合を切る。小手～面、面と先生の出端へ素早い打ちによる攻撃を試みるが、なかなか通じない。逆に小手を打たれ、返し胴へ応じられる有り様。瞬時の隙も許さぬ対応に本当に参った。

玉利嘉章範士八段（東京）
昭和五十四年十一月一日　午後六時三十分
全剣連合同稽古会　日本武道館

久しぶりのお願い、先生お元気だった。

剣先の攻め合いしばし、数合の後、思い切ったわが裏からの正面打ち、出端へパアンと当たったと思えど先生の剣先は咽喉へと。また裏、表から小手～面を打ちに出るも剣先咽喉へ。先生の得意とする剣先の攻めを外すにはどうしたらよいか。

反省

割って入るを忘れた状態は残念なり。しかし、パアンと出頭へ打って出られた感じは良く、可としたい。先生の「打ち過ぎだよ」のお言葉に、われの攻め合い不足を大いに反省する。

湯野正憲範士八段（東京）
昭和五十四年十一月一日　午後六時三十分
全剣連合同稽古会　日本武道館

先生の教え「今後の剣道、今後の目標」

今までの打ちは面と打った後、しぼんでしまう。これは駄目である。今後、面と打って目の前が広く大きくなる打ちでいけ。攻め（間合を詰める）で、空間、時間等の問題を含めて打ちとなすべきであると。

反省

わかっているようでわからぬ。打った瞬間に勝負はついているのだから打ったあとはさしたる問題ではなかろうと思ったりもするが……。打つ前の攻め合いこそ、問題点ではないだろうか。今後の大いなる課題をいただく。

佐藤貞雄範士九段
昭和五十四年十一月七日　午前
川崎市消防研修会　石川記念武道館

剣先激しく攻め合う。われ、どうしてこんなに打てないで返されるのか、実に歯痒い。わが剣、ただ速さばかりを頼りに打つが少しも通じぬ。結局、本質的な攻め打ちの理が相手のものとなっているゆえだろうか。

年を取り高段になるほど、ますますここを研究せねばならぬか。

反省

一、初太刀の面、先の技、積極性が足りぬ。
二、わが打ちは理合に適う打ちになっておらぬ。

佐藤貞雄範士九段（東京）
昭和五十四年十二月五日　午前
川崎市消防助教研修会　石川記念武道館

攻め合い。思い切ったわが面打ちも先生にうまく胴に返される。思い切りは良しとしても返されては駄目。攻め崩しと遠間で打つことが大切だ。少しぐらいの手数でこれだと思うようではいけない。いつも何回となく遺憾、遺憾である。

反省

一、範士の攻め、間詰めなど「全体像」がわれにはわかっていない。
二、見極めが不足、これもわかっていないことのひとつ。
三、自分勝手の打ち、ひとりよがりで駄目。相手との関係あっての打ちこそが大切。
四、理合を知る。気の攻め合いの大不足。攻めの理を勉強しなければならぬ。

小手と小手～面を打たれたのは気迫負けである。次回、来年の稽古を考えると、このまま通じるのか疑問に思う。しかし楽しい気分となる。失礼ながら先日のお返しの一戦とすることができた。

滝澤先生いわく「面打ちの後、汝が足の運びは横へ逃げている。真っ直ぐに打つべし。体、足のさばきも真っ直ぐだ」と。

近藤利雄先生、「なんば」足と手の一致は力強く激しく打てるものであるとの理論、歌舞伎の弁慶の足の使い方とその他の例を出してお話しくださる。

勉強不足ゆえ、小生には少々解せず、今後の課題とする。

滝澤光三範士八段（神奈川）

昭和五十四年十二月二十三日　午後
道場連盟総会　思斉館滝澤道場

先日の立ち合いの反省に立ってお願いする。われ攻め合うも、じっと剣先を先生の中心につけ、攻め負けない気迫の充実を図る。先生入り切れず止まるを、われ思い切り上から乗るが如く面、また小手打ちが成功。

先生の小手の上がるが目に映らず。先生の振りかぶるを突き、その引き際を面へと打って出る。また思い切ったかつぎ小手もわれながらうまく打てた。ここまで中心攻め。剣先の利かせがうまく使えて「分のある」攻防となったのではないかと思う。ただ後半サッと入られ小手を、さらに小手～面と打たれた。見事な技である。このサッとした先生の攻めを、われも身につけなければと思う。

反省

五、自己に有利、相手に不利な状態をつくれ――（昭和五十五年）

練りが足りない

阿部忍範士八段（東京）
昭和五十五年一月一日　午前十時
正月初稽古会　大学道場

昨年範士号受領後、初めてのお願い。久しぶりの一戦も相変わらず攻めを中心に積極的に小手～面打ちと攻撃する。
先生、押さえ小手の対応も素早く立派なもの。わが攻め剣先弱し。思い切った捨て身の打ち気も弱く当たりも弱い。こんな遣い方では、いつでも打ち込まれる。気不足よくよく心すべきことと知らされる。

福永篤教士八段（東京）
昭和五十五年一月一日　午前十時
正月初稽古会　大学道場

気合といい、打ちといい、なかなかお元気。気の剣道家である。小手打ち、面打ちとなかなか鋭く打ち込み来るも、われ逆に面に乗り、攻めからの小手～面もうまく決める。
われ、気分的にはとくに圧せられることなし。さばきはできたが、いまひとつ逆に攻め崩し乗る打撃と積極性が不足。待ってはいないつもりだが、果たしてどうか。不足の気迫、鋭い竹刀さばきができなかったのは心残りだった。当たった、打てたくらいの剣道ではいけない。

反省

こんな気ではもっと厳しい激しい相手となると通用しないのではないか。

小森園正雄 範士八段（東京）

昭和五十五年一月五日　午後

全国学剣連指導者研修会　日本武道館勝浦研修センター

剣先の攻め合いは、われやや押され気味、じりじりと間に攻め込まれ、ハッとした途端、面を打ち込まれる。こんな状態で始めから続けて打たれるは情けない。その後、先生の出端をうかがう。小手～面と攻めたてるも軽く防がれる。三、四本と無駄打ちの連続。あまりにも甘い攻めか、打ち方に鋭さが欠けたゆえか。あと一歩の返し胴、出小手、小手、小手～面などがあったが先生に響く打ちでなく残念至極。

反省

近時、今日も含めて、高段者への小気味の良い打ちが不足がちは遺憾。なぜか。激しい動きや力まかせでただ打っただけでは、なんら通じないのではないか。やはりそれぞれの理が不足なのであろう。反省強し。がむしゃらさではなく、鋭さを求めたい。大事な理、やりとりの間合、機会を大切にせねばならぬ。

村岡裕 教士八段（東京）

昭和五十五年一月十五日　午後

新年稽古始め　東京興武館

凄いと思わせる厳しい攻めを受け、われ、ややじりじりと押され気味。攻め返すも無理。我慢し切れず、小手～面と打って出るもうまく防がれる。そのわが打ちの止まるを引き面で打たれる。二、三回と同じことをやっては駄目。あとで焦りか、上がり気味なのかと自省する。終了間際とおぼしきに思い切った面がやっと届く。なぜもっと早くこの面が打てなかったのかと反省する。

反省

やはり正々堂々と正面打ちを先の技として出すべきだった。しかるのち考えても良い。打たれまいは逆に良くない。

玉利範士いわく「もっと腹を練れ、練り不足だね。相手が出なかったら出るようにせよ」

まことに痛い一言をいただく。

山内範士いわく「前半は村岡氏ペース。後半は倉澤君ペース。少々焦りあり。力みもある。それを頼みとした攻め打ちは良くないのではないか……」と。

われ、やはり練り不足と感じ恥じ入る。

丸山義一 範士八段(東京)

昭和五十五年一月二十二日　朝
日体大寒稽古　大学道場

攻め合い、先生なかなか鋭く、打ち気も相当映ず。始めの小手～面はうまく防がれる。次のかつぎ小手～面は思い切り良く決まって手応えあり。攻め合いの中から先生の手元がときどき少々上がる。われ鋭く下側から打った小手は何回か決まるも、中途半端な打ち間では先生に小手を何回か打たれる。とくにすり上げ小手はなかなか見事だった。一本打ちの面はよく応じられ、その返し胴は見事な打ちだった。とくに一本は刀ならわが胴真っ二つというほど体にこたえた。わが弱点(居つき)を打たれた。打った後の残心、心構えが甘い証し。ここも勉強だと受けとる。

反省

手元の上がる先生にわが小手は打ちやすい。しかし上から乗ったと思うわれの面打ちは出端を押さえられるという場面もあり、誘いに乗ったようでよろしくない。

矢野七段、太田五段らとの立ち合い

反省　日体大寒稽古

彼らの鋭い遠間からの正面打ちに対して、われがパッとした小手を押さえられないこと、返し技がずれて不充分なるは残念。勢いに負けた証し。またわが小手、面打ちの後の居つきを打たれたのは良くない。姿勢、呼吸の崩れかとも思う。

とくに、

一、左足の曲げ落ち、崩れない体勢の保持。

二、次の技が素直に出ないのは、心掛けが良くないから。

中倉清範士九段（東京）

昭和五十五年一月二十三日　朝

日体大寒稽古　大学道場

先生九段昇段後二回目の立ち合い。サッと立ち上がる。しばし剣先での探り合い。

われ、サッと間合を詰めながら思い切り大きく面へ。範士は退き、大きく顔、頭を逸らす。しめたと二段打ちのかたちで面を打つも防がれる。鍔ぜり合い少しで分かれる。

次、小手〜面を出した瞬間、先生体を左に開き、わが横面を片手打ちで、したたかに打たれる。二〜三度繰り返し打たれる。次、右攻撃の姿勢止めたと見るや、先生小手〜面をすかさず打って来る。しっかり打たれる。先生独特の、左足前の大きな振りかぶりからの右胴を鮮やかに決められる。最後にわが出端面が一本決まった。

しかし、これは打ったのでなく打たせてもらったのではないか。われ、初段の腕前の如し。散々なる結果は残念。

反省

一、先生の中心線から剣先を外すな、をあまりにも強く意識したため、思わず肩、右手に力が入った。そのため打ち遅く、また横への変化についていけなかった。

二、先の攻め打ちを終始積極的徹底的に行なうべきだが、体力は果たして持つのか。体力保持も考えさせられる。

三、先生の攻め、打ちがまるでとらえられない。気迫不足、集中力不足か。

四、切り返しや懸かり稽古をもっともっとやるべし。日頃の稽古が少し安易ではなかったのか。いつも打ち負けているのは懸かる姿勢が大不足のゆえかとも。

五、元へ立っての心掛けも安易になっていたのではないか。

渡辺敏雄範士八段(東京)

昭和五十五年一月二十九日　朝

日体大寒稽古　大学道場

約一年ぶりのお願い。前々から打たれている攻めについていろいろと考えた末の立ち合いだったが、剣先を合わせ、しばしと思う間もなく、スススッと間を詰められ、ややすくみ気味のわれ、思わず正面へ打って出ると、返し胴を決められる。

このまさかのスススッを警戒すべきだった。苦しまぎれの打ちはいかん。また剣先を咽喉に真っ直ぐ突きつけるも一足一刀の間から。しかし小手を見事に打たれる。あと何本か同じ。先生の攻め、間に入られたるを見逃し打たれたるはわが不覚なり。「ため」とか、打ち間の関係であろうか。

最後の一本勝負、鋭い剣先の攻めで打つぞ、打つぞを見せ先生を少し退かせ、次、先生出んとする瞬間、小手に跳び込んでやっと決めた。先生、うん、と表情ゆるむ。この攻めの勉強、間合の勉強が急務だ。先生、攻めからの打ち、間合、返し技などなかなか冴えて鮮やか。そして竹刀さばきも勉強になった。

教え（鬼一法眼）忘れるな

間合　われ六分―相手四分

攻め　一歩攻めての有利な気力そして間合、

われ六分―相手四分

反省

このようにいつも自己に有利、相手に不利の状態にしていないと打てぬ、勝てぬ。

佐藤貞雄 範士九段（東京）

昭和五十五年一月三十日　午前

川崎市消防助教研修会　犬蔵センター

スウッと入り来る攻め、間の取り方、目に見えても打てない腑甲斐なさ。正面に打って出れば返し胴、出小手と打たれる。打ちそのものが無理である証し。先生の面打ち、われ防いだと思う途端、諸手の横面をいただく始末。情けない。われ、先生の出端へ思わず鋭い小手を打てた。この呼吸を忘れるな。

反省

サッとした詰めの攻め打ち、これが大切。その場で打っても、上には通じぬ。気迫の攻め、それには心・体の充実が必要。

恐れることなく前へ出よ

小川忠太郎範士九段（東京）

昭和五十五年二月十八日　午後六時三十分
全剣連合同稽古会　日本武道館

先生に久しぶりだねといわれたくらい、間の空いた立ち合いだった。今夜は先生得意の面はなんとしても打たれまいと深く心に期した。

じっと構える。打つべき機会をうかがうが、なかなか先生動かず。われ、ややしびれを切らして、大きく面へ。当たらずのびられず。小手～面と攻め入るも充分ならず。攻め通ぜず。

一足一刀の間合にて、われ、わずかに止まったと思う間に先生の色のない、スッとした真っ直ぐの面がのびてきて打たれる。この一本、今日の決意に反したのは残念至極。わが居つきと心の隙を打たれたのである。気を取り直し再び攻め合い立ち合う。先生の数本に渡る面打ちも、何とかわが体を左にかわして防ぐ。小手をうまく押さえたのもあったが、消極的で良くない。今日も大反省であった。

中村伊三郎範士八段（東京）

昭和五十五年三月三日　午後六時
全剣連合同稽古会　日本武道館

先生との立ち合いもまた久しぶりだった。

剣先の攻め合いは、激しいものでなく、探り合い程度。しからばとわれより小手を打つも、引かれて届かず。さらば面へといくも、これも引かれて足らず。しばし攻め合う。

われ少々我慢し先生の出るをうかがう。先生かつぎ気味にわが面を打たんとせる端、小手をうまく押さえる。目によく映じた小手だった。先生少々強引な感じで同じことをされ、われもこれが幾本となく続き、有利を得た感じになる。しかし、この小手はわれ少し引き気味にて、体もやや斜め方向へ流れるため満点とはいえない。

先生どうしたか戦法変更せり。われ出られなくなる。われ少し攻め、思い切り面へ打って出る。二本ほどは先生の出頭気味（攻め返し）に、決まった手応えあり。先生その都度「なんのなんの」の発声あり。しかし、われ自信を得た感じ。

次に小手打ちに攻めるも二本ほどは相打ち、他は先生に素早い小手打ちを決められる。

反省

一、小手打ちは近い間合から。間合に気をつけろ。

二、先生の小手～面に対して胴に返せないのはなぜか。ここの勉強を。攻め負けか、ため不足か。

三、わが面打ちの感触は、おおむね打つ間、機会とも良好。忘れるな。やはり攻めて思い切り乗るが良いか。恐れることなく前へ出ること。

中倉清範士九段（東京）

昭和五十五年三月三日　午後六時

全剣連合同稽古会　日本武道館

最後となり時間も少なく、先生から「三本！」と声をかけられ有難い立ち合いとなった。

私の始まる寸前の稽古は小林正二教士八段との立ち合いであった。両先生近間でがんがんと打ち合う。理がないと拝見。あんな稽古はしたくないと思いを定めて立ち上がる。時間を気にして、少々思い切り速く遠間からわれ面を打つも先生引いて、かすかに面金へ当たる。小手～面の打ちも同様に引かれて有効打にならなかった。思い切りは良かった。無心の打ちとはいえない。あと先生の出端への小手打ちが、わずかに握りに当たる。今までにないほどの感触を得た。

ややもたつき、止まった居つきをよく打たれた。少しでも攻撃の手をゆるめるとすぐ打って来る。攻めからの胴打ちは、今夜は一本も打たれないのは間合の取り方が良かったか。

いつもここで打たれているから。先生独特のあの技を出す瞬間をとらえる動き、その心の備えが必要であろう。最後の一本は、負け惜しみでなく、諸手にて先生への右面は充分な手応えを感じ、終わった。

反省

前回の稽古でも横面は打たれた。また今日の始めに岡村弟（和典）氏との稽古でも一本打たれている。よくよく心すべし。

応ぜず、無防備の如き打たれ方はよくないと心に残した。今日は中村、中倉両範士に思い切りよい面が出た。忘れまじ。

長谷川壽範士九段（大阪）

昭和五十五年三月二十二日　午後
明治村大会前日稽古　犬山市体育館

リラックスされた構え、手首の軟らかさ、小手打ち、返し胴の上手さ、サッと間に入りながらの速い面打ち等々まことに理に適ったものと感じ入った。われ一太刀をと気負ったが、わが打ちの止まった瞬間に、鋭い面打ちを幾度となく打たれる。

出端に出る気勢を殺がれた感じに陥る。先生われを休ませぬその姿勢、態度、呼吸に感心せり。われの力だのみ、早さだのみだけの打ちでは、とうてい通ぜぬと知らされた一戦となる。理の大切さを学んだ。

反省

強い攻め、気迫で崩して打つには、大きな課題あり。

岡田茂正教士八段（東京）

昭和五十五年三月二十二日　午後
明治村大会前日稽古　犬山市体育館

初めての立ち合い。同じ選手として参加。無心の打ちを心掛けた。

われ、サッとした面打ち、小手～面打ちと、ややリラックスしたのか、通じたと感じた。先生の構え、態度、打突後の崩れぬ腰の備えは見習うべきであった。無駄な打ちもほとんどなく好感が持てた。

田渕知好教士八段（岡山）

昭和五十五年三月二十二日　午後
明治村大会前日稽古　犬山市体育館

初めての立ち合い。同じ選手として参加。無心を心掛けた。

小手打ちは通じた。相手の小手～面はなかなかしっかりした良いもので、打たれる。精神的にはゆったり余裕を持った五分の立ち合い。返し胴両者一本ずつあり。しかし激しい稽古にならず、少々物足りない。明日のことが頭をかすめる。

反省

調整なれど、今日は今日、明日は明日。この本質から離れたわが心はよろしくない。先生、年も剣道も上なれば懸かる稽古にすべきだったかと反省。

長崎正二郎 教士八段（東京）

昭和五十五年三月二十三日　午前
第四回明治村剣道大会　無声堂

一回戦

先生スッと間合を少し詰める。横にも動く、われを誘うが如し。たぶん小手を押さえるを気配として（面の誘い、われその剣先を押さえ動ぜず感ず）。われ動かず打たずと見るや、さらに剣先を押さえながら、横へのさばきの足からサッと横方向より面打ちで勝負を決められた。一本となる。われ、まさかの油断と気後れを如何せん。時間切れとなる。

反省

始めの攻め合い、立ち合いからの横動きに油断をしたか。逆にわれから積極的に思い切りのよい面打ちか、突きに出ればどうであったか。間合も全然考えないのでは、打たれるのは当然といわざるを得ない一戦。

この後は、返さねばの一念から跳び込み面、小手〜面と、少々なりふりかまわず攻め立てたが、いま一歩の不足ですべて後の祭り。先生の試合巧者ぶりは、動き、間合取りも立派だったと思う。初太刀を取らねば、あといくら追い詰めての攻撃も、先生の退きと横への動きには届かずのまま終わる。稽古不足、心掛けの悪さともいえる完敗。

湯野正憲 範士八段（東京）

昭和五十五年四月十七日　夜
全剣連合同稽古会　日本武道館

約二ケ月ぶりの立ち合いだった。先生スッと攻めながら面打ちへ出られる呼吸はスムーズと拝見。われ防ぐ、ただ足がやや伴わないようである。確かに少しはご回復になられているようであるが、なお一層のご本復を願った。出合い頭の相打ちの面は、なかなかのものを感じた。

過日の明治村大会評として先生いわく「あの立ち合いの勝負と結果（成績）の接点をもっと考える時機に来ているのではないか。大切な時期です。良師につきなさい」と。有難いお言葉。私は勝負の結果より内容豊かな試合や稽古を心掛けているが、これを見抜いて接点を申されたのではないか。自分なりに進めてみたい。一位二位にこだわることも必要、しかし剣道はかくあるべしの確信を持ちたいし考えていくべきかと思わされた。

岡田茂正 教士八段（東京）

昭和五十五年五月五日　朝
京都大会朝稽古　武徳殿

恒例の朝稽古も終わりに近づいた頃、突然、岡田教士に申し入れの挨拶を受け、一瞬おどろいたが立ち合った。上座に上がってもらったのは当然。剣先の攻め合いは、明治村の一戦より、より厳しさが感じられた。

相手の出端をねらったが、面には届かず。小手〜面は手応えを感じた。先生の面打ちは何とか返し胴で防ぐ。

反省

攻め打ち、防ぎと少々の余裕らしきものを感じた。出端面、出端小手で立ち合うことができた一戦。岡田教士の執念はこのような下の私に対してもよく現われており、学ぶべき尊い心根と感銘を受けた。受けるのではなく「かかる」という態度は学ぶべきである。

この後、範士に昇格された。当然のこと、嬉しいニュースであった。益々のご精進をお祈りする。

当たれば良いの技は見苦しい

石川昇長教士八段（東京）
昭和五十五年五月六日　朝
第二十八回京都大会立合　武徳殿

　初めて、全くの未知の先生であった。

　立ち上がり、しばし攻め合う。わが小手をうかがう感じを受ける。いつどこで打つかを考えるうち、先生小手を打ち来る。われ少し引き気味に防ぐ。次いで、われ下を向き小手をねらうと、先生その一瞬を逃さず鮮やかに面を打たれる。われに返る。この後、やっと攻め打ちの積極性を取り戻す。

　二本目、また先生面を打って来る。われよくこれが見え、心得えて左に体をさばき出端小手をうまく決める。やっと一本一本の対となる。

　勝負、次は思い切った面を、または小手～面を打てばよいか一瞬迷う。先生、小手打ちに出るとき、少々「かつぐ」癖あり。ここだと読む。攻め合う一回目、われ思い切り出端を打つも、先生の竹刀わが懐にあり。面、面の連続技、当たりても決まらず。二度目はわれの攻めで、先生の引き際を小手～面と攻めたて、面を決めて勝負をつけた。

反省
　初めての立ち合い、互いに条件は同じながら、集中心不足。迷ったわけではないが、いわゆるエンジンのかかりに手間取る始末。三月の明治村剣道大会と同様に感じたるは不心得の証し、精進精進。

伊藤雅二範士九段（東京）

昭和五十五年五月二十六日　夜
全剣連合同稽古会　日本武道館

　蒸し暑く汗ばみ、嫌な日であった。

　しばし剣先で攻め合う。先生間合を詰めて来る際、思い切り大きく面を打ち、手応えあり。これが初太刀となる。本当の虚とはいえなく、偶然まぐれ当たりと思えるふしもある。心は満点とならず。

　後、返し胴と、攻めからの小手を打たれる。各一本ずつとはいえ、先生の打ちさすがなり。われ終始攻めて引かず、心の攻めとともに立ち合えたと自己満足。切り返しで終わる。

井上正孝範士八段（東京）

昭和五十五年五月二十六日　夜
全剣連合同稽古会　日本武道館

　久しぶりの立ち合い。

　しばしの攻め合いから、先生間合に入りきたるを思い切り面に出る。私の面は決まったかと思う。その後も短い時間なれど、二、三本打たせてもらう。恐しさも鋭さも感じられずだった。先生七十余歳、早くから元立ちをされていたので、ややお疲れとお見受けした。

　湯野範士いわく「体やや少々前傾、勝負では良いが」と。われ反省……腰の入らざるは未だしと。

　渡辺敏雄範士いわく「伊藤範士との面打ちは、もっと打ち切れ。頭上に両手が上がり過ぎ。また引き技の面もよくない」。われ反省……当たれば良いの技は見苦しい。それが駄目だとご指摘を受ける。

佐藤貞雄範士九段（東京）

昭和五十五年六月四日　午前
川崎市消防助教研修会　犬蔵防災センター

先生の攻めに負けず、われその攻めに乗じて、遠間より鋭く正面打ちへ。また小手~面も同じように打てり。前回を反省して、今日は思い切った打ちを出し、決められた感じがする。先生の間合の探りを見逃していたのが不覚だった。また先生のかつぎ際へ、われ躊躇なく小手打ちを打てて驚くほど。今まで近間の間合では逆に打たれていた。

反省

良い感じのやりとりながらときに先生の返し胴を頂戴した。引き際近間での一瞬、かつぎ気味の小手打ちは要注意とする。

先生いわく「正しい構えをとること。左足の位置、及び踵の上げ過ぎに要注意です」と。有難かった。

阿部三郎範士八段（東京）

昭和五十五年六月十八日　夜
全剣連合同稽古会　日本武道館

立ち上がり、先生の攻めに乗じ、小手~面、かつぎ小手~面と続けて打ち切る。先生次第に強い攻めに変化、われが打たんとして剣先の下がるを内小手で幾本も決められる。今日の対戦は五分五分か、われ四分で終わった。思い切ったる打ちが大切である。

反省

われ剣先の働きを忘れたるは残念、打たれないからよしとするわけにはいかない。

この日、午前の稽古あり。夜間は少々体力的に疲れた感じ。こんなことではいかんと思う。ここをいかに乗り越えるかを研究。疲れを口にするのは恥ずかしい。五十七歳はそんな年ではない。あだこうだは見苦しい。剣道とはそんな生易しいものではないぞ、と先人は笑っているだろう。

青木敬汎教士八段（東京）
昭和五十五年六月十八日　夜
全剣連合同稽古会　日本武道館

初めてのお相手。この五月に昇段された気鋭の剣士。

先生、剣先動き激しく、攻めん打たんが目に映じる。まず小手～面と打ってこられた。これはなんなく応じる。二～三回こんな状態が続く。剣先を利かし攻め入り崩したわが小手～面は充分に通じる。時間切れで少々物足りず。もっと自分から積極的に打っていかないといけなかった。後輩後進を相手にしてもわれより懸かることが大切だ。それを反省した。

渡辺敏雄範士八段（東京）
昭和五十五年六月二十二日　午前
川崎市月例稽古会　石川記念武道館

なかなか強い張り攻めで打ち来る激しい立ち合い。

剣先で探り合う。その後、先生積極的に間合を詰め来る。われ思わず引いて間を切る。打つ意思まるでなしとはわれながら遺憾である。懸中待、待中懸の教え忘却。われかつぎ小手から面へと激しく打つもかわされた。効なし。間合が自分のものとなっていない証し。途中で逆に先生から返し胴を二本打たれる。ただフワッとした大きな打ちでは通ぜず。気迫と攻め不足。結局、弱いということだ。また今日は間を切る消極性が多く出て、これも不可とした。切り返しで終わる。

反省

間合を取る（切る）、次への打ちがすっかり崩れた。このためか、すべて積極性なく気力負けした。引くようでは心の持ちよう悪し。ここの勉強必要なり。

佐藤貞雄範士九段(東京)
昭和五十五年七月二日　午前
川崎市消防助教研修会　犬蔵防災センター

先生攻め強し。われ出端をねらうも届かず。大きく振りかぶりの面は、うまく小手を押さえられる。強い攻めでサッと入りながら強い打ち、一本、二本と打たれる。この呼吸が大切と学ぶ。先生の近間での小手打ちを、われすり上げて面にいくも不十分。横面を防ぐも、返し胴は決まらず。先生の小手のさばき方は見事で、わが打ちがみな読まれているようで残念。読みの問題を会得したい。見真似は大切だ。

先生の教え

「流水浮木の一刀流の教えでは水の流れに任せながらなお打てる心境を説く。それには心体の働き大切なり。すり上げ面、すり上げ小手では腕、足の関係が大切。腕を前上へ相手に近く(迎える)が大切である」

長崎稔範士八段(東京)
昭和五十五年八月二十五日　午前
日体大夏季九州合宿　熊本武道館

十五年ほど前の国体関東予選会の大将戦以来で、久しぶりのお手合わせとなる。

先生の剣先いやに低く、私の面打ちを誘うが如し。攻めもかなり強く、容易でないと感じた。

われ攻め、攻め返し数十秒、内小手をねらうも軽くて通ぜず。続いてここから面へ打ちを出すが防がれる。かつぎ小手も不発、やや攻めあぐむ。また面打ちも、先生身を引いて届かず。体入れ替わり先生ただちにわが面上へ打ち来るを返し胴で何とか一本とする。数合打ち合うもなかなか決まらず、一進一退だった。先生、スッと間を詰め、面打ちに来るを、われとっさに小手を押さえて終わる。内小手をもう少しねらっても良かったと思う。

反省

一、攻め打ち、防ぎ、返しなど、なかなか瞬時も気の許せない激しい立ち合いだった。

二、剣先を下げる一瞬を突きに。しかるのち打ち入ること。片手突きは失礼かも知れんが一本出してみたかった。

三、昔の立ち合いでも双方なかなか決め手なく、厳しい試合をして引き分けた。頑張ったが難しい剣士であった。

中野八十二先生講評。

一、構え低く、とくに剣先少し開き気味、その瞬間をとらえ片手突きは有効打となる。これが常道なるべし。

二、内小手のねらい、その牽制またよし。

心がいつも上ずっている

山内冨雄範士八段（東京）

昭和五十五年八月三十一日

日体大夏季九州合宿　九州産業大学体育館

遠征合宿最後の日、一本お手合わせいただく。近々の先生攻めからの打ち厳しい。いつも拝見しており、ここを押さえないと一方的になると思う。しばし剣先の争い、なかなか打てず、間にも入れない。先生の入り来るを上から押さえ、われ大きな面をと思う瞬間、逆に先生から大技の面を打たるる。われこれを防ぎ、胴へ返す。有効打とはならず。われ小手～面打ちと果敢に打つも通ぜず。気の張った内容であった。わが遠間からの面、先生の面技にわが押さえ小手、やや良しとするも、会心といえず。打ち切るまでにはならず気迫不足。先生の虚をつく技、研究を感ず。

先生の気は二の太刀さらに鋭く感じた。静から動への変化厳しく圧迫さえ感ずるほどであった。切り返しで終わる。

佐藤貞雄範士九段（東京）

昭和五十五年九月十日　午前

川崎市消防助教研修会　市消防センター

われ打ち切るために攻め強く、退くまい、恐れまい、出端をねらうと心がける。わが面打ち、小手打ち、先生の出端へ数本決めた……。しかも先生に打たれず返されずで前回とちがい結果良好といえる。先生の諸手突きは攻めの気持ち強し。しかしこれをなやし、面へ打って出たのである。先生が打つ機会を与えてくださったのではないかと思ったほど。気の張り、心の持ち様が大切だと思った。先生あとで「今日の打ち、面、小手は立派です」と。励みのお言葉、有難い限り。

教え

乗る、攻める、腰が大切。

剣先を表から裏から常に相手の中心線を外さず、一気の気を以って打ち切ること。

反省

腰を入れる……左膝が折れたり曲がったりでは腰は入らない。とうてい乗れるものでないと。反省は強し。

某範士八段（東京）

昭和五十五年九月二十四日　午後六時三十分
全剣連合同稽古会　日本武道館

もう二十年近く機会がなく、今日の対戦となる。いささか差のあるわれ、滅多打ちを覚悟する。すっくと立ち上がるや否や、先生、剣先を下げて攻める。これはわれに色と映じた。瞬間、先生意表をつく如くいきなり左片手横面を打ち来る。われハッとこれに応じ返して逆胴へ。やや高目、しかも退くかたちとなり、不充分なるも手応えあり。先生またもや色を見せるを、われ面打つと見せ、相手の面を誘い出端への小手をうまく決める。この後、幾本か決める。

こんな経過のなかで先生の面、われ二、三本いただく。しかし凄さなどなしで拍子抜け。そのうちの一本の面を裏からしのぎ、そのまますり上げ面とした。また相手の退く機会をとらえ、われ激しく追い込んで面を決める。よく打てたと思う。気迫勝ちであろう。

終了後の挨拶で、先生いわく「今日は調子が悪かった」と。範士たる者、いやしくも口にすべきではないと思った。今日は参ったでよろしいのではないか。またあのように色を使って打つのは恥ずかしいことではないか。いろいろとわが頭の中で自問自答した。「交剣知愛」に程遠しと思った。先生の勝ち負けへの執着は残念だ。名剣士と思うだけにわれ失望感を抱く。敢えて失礼を顧みず遠慮なく記し、今後のわが反省ともする。

佐久間三郎範士八段（東京）

昭和五十五年九月二十四日　午後六時三十分
全剣連合同稽古会　日本武道館

今日は午前、そしてこの夜間、しかも最後の最後となり少々疲れあるも、気力を振りしぼって稽古に臨む。

剣先の攻めはびしりと合わせたまま。どちらが先をかけるか、両者の目と目ががちっと合う。われ思い切って小手を打つも不充分。これはもっと攻め強くして跳び込まないと当たらないぞとわかる。

かつぎ小手も失敗。先生防ぎ、すぐに反撃。われこれを防ぐ。われ二度目のあおり気味の小手で、ようやく決める。手応えを感ず。

先生は「一足一刀」の間合に入りながら、われのハッとした瞬間をとらえ、文句なく小手を決める。良い小技と感じ入る。わが小手の甘さを打たれた。われ、前の稽古で、大野裕治氏（警視庁）にも二〜三本打たれた。それを生かせられないのは腑甲斐ない限り。また先生の近間での胴打ちも一本打ちなれどいただく。うまい。

手の返し軟らかく速いと印象強烈。最後の最後、数秒の攻めから、面をうまくパッと打つ。会心、無心の面であった。よくぞ出たものと、われながら驚いたほどである。先生の打ち、切れ味良く、一瞬の機をとらえての打ちは鮮やかである。

反省

一、小手の防ぎが甘いのは相手がどなたでも日頃感じているところ。何とかせにゃあだけで終わっているのは甘い証し。
二、相手の攻めに手元が少々上がる悪癖を何とか直したい。
三、間合を切るとか、手元を前に相手の竹刀の上から押さえるとか、すり上げ技を出すとか考えなければならない。
四、また心がいつも上ずっているのではないかと反省。

堀江幸夫教士八段（徳島）
昭和五十五年九月二十八日　午後
第二十六回全日本東西対抗剣道大会　鳥取武道館

しばし攻め合う。強い攻めは一進一退を繰り返す。先生、攻め間を詰め入り先の面打ちに来るが、われこれを防ぐ。両者慎重に分かれる。この分かれ二回目の際、われ間合と機会よしと感じ、果敢に小手～面と追い込み面決まる。足がよく出たと思う。

二本目。先生、積極的に手数多くわが面に打ち込み来る。われ再三再四出小手、返し胴と打つも不充分なり。先生の強い気迫、面金を通じて感ず。われわれも間合に入りながら打てず。かつぎ小手は不調、打ちつ打たれつを重ねた半ば過ぎ、クリンチからの離れ際、面打ちに出るその端を、相手に小手を決められ、勝負となる。

一進一退を続ける。近間、鍔ぜり合いに、先生少々気抜けたるを察し、その場打ちだが、大きく面を打つ。ポカンと音の発するほど打つも有効打ならず。手応えあり、残念なり。また先生の引き際、追い込んだ小手打ちも手応えありしも一本とならず、延長戦へ。

激しく剣先での攻め合い再三再四、われやや攻め勝ちとおぼえしが心の隙となるか。先生に思い切った小手を決められて勝負がつく。反省多し。

反省

一、裏からの払いに二度、先生右手が竹刀から外れるも打てざるは、当方のため不足か。

二、先生の攻め、間合に来るを、われ退かず出端面か、払い面出すべきところを出せず、読み不足。

三、延長後の間合、われ入り過ぎ、甘い詰めと攻めを反省。

四、残念に思うのはやはり気。打ち不足。充実した決定打ではなかった。
五、負けたのは残念、わが心貧しさゆえか。
太田義人、渡辺敏雄、佐藤毅、植田一の各範士と剣友木内氏より、「内容は攻め勝っていた。全体的に立派」と、なぐさめの言葉あり。

太田先生にしのぎの使い方と手の内の研究がいまひとつと指摘される。有難く思う。

佐藤貞雄範士九段（東京）
昭和五十五年十月一日　午前
川崎市消防助教研修会　犬蔵防災センター

先生スースーと攻め、間合を詰め来る。われ心得て引く（間を切る）。われ小手を打ち一瞬置いた面、再三これがよく決まる。また思い切りよく遠間から攻めた面もかなり有効打ありと自負する。先生に絵に描いた如き奇麗な返し胴を打たれ参る。

次、終わり近く、突きを攻めて崩し正面打ちへ。小手を押さえられるも先生の小手打ちは流れて不発となる。ようやく攻めからの振り上げがスムーズに打てる。ここを大切にせねばと思う。

先生教えていわく「乗るとは、体、剣先、気力の総合力で相手を圧するものである。表からでも裏からでも乗る、そして打ちへ」と。

気力の弱さか、手元が上がる

谷鐐吉郎範士八段（愛知）
昭和五十五年十月十一日　早朝
栃の葉国体朝稽古　日光東照宮武徳殿

機をうかがうこと数秒、じっと触れ合う剣。われ待ち切れず、一本打ちの面を。先生パッと切り落として来る。危ない。また攻め合う。わが小手〜面、やや軽い感じなれど決まる。先生にはこの後、小手一本、面一本、出端へ奇麗に決められる。われ負けじと出端小手と二段打ちと返し胴を決める。態勢が少々崩れたのではないかと心残り。攻め負けは余りなく躊躇なく打ちを出せた一戦。

反省

気の張りが不足。出端へ有効打を打たれる。私の悪いところだ。

林正雄範士八段（青森）
昭和五十五年十月十一日　早朝
栃の葉国体朝稽古　日光東照宮武徳殿

これは剣先の攻め激しく、大変勉強となる。両者、竹刀とともに足も細やかにさばいて、攻め合う。その攻め合う機をねらうも先生なかなか出ず。われ機を見て出端へ、面、小手〜面と数本。気分的にも意外に抵抗なく決まった。また先生面打つも、われ返し胴を打てば数本当たる。先生はあまり打たず。お体が悪いのではないかと思う。心残りのある立ち合いだった。

鶴丸壽一 範士八段（兵庫）審判長

昭和五十五年十月十一日　早朝
栃の葉国体朝稽古　日光東照宮武徳殿

立ち合い間もなく先生スッと間合を詰めてわれを誘いうかがう。われ、あわてず先生の出端へ面打つも不充分、わずかにかすったほど。逆に鍔ぜり合いから引き際、鋭くわが竹刀を押さえ小手打ちを決められる。この呼吸、機会を忘れることなく今後の研究課題とした。

先生片手突き二本来るも、われうまく外して面を打つ。決まる。驚く。「気の張り」のゆえか。われ小手〜面を小さく速く渡るが決まらず。さらに一呼吸おき気味の大きな面が見事に決まる。先生「参った」の声あり。

出小手も何本か打てた。のびのびと立ち合えたこの一戦は攻め負けずの証しか。先生の面、頭の上からかみつくが如く、真っ直ぐスパッと全身でのびて来るのが立派で印象強く残った。

阿部三郎範士八段（東京）

昭和五十五年十月十二日　朝
栃の葉国体朝稽古　日光東照宮武徳殿

われ遠間から一気に攻め立てて一本打ちの面を打つ。小手〜面、各二〜三本決まる。先生が誘い、間近いところからわれに面を打たせ小手を押さえる。また返し胴もあり。応じ技はさすがと納得する。

反省

最後まで、この間合に入り来る誘いに乗らず、許さず、遠間からの打ち大切なりと思う。

奥山京助範士八段（秋田）
昭和五十五年十月十二日　朝
栃の葉国体朝稽古　日光東照宮武徳殿

いつもの気迫のこもった鋭い攻め打ちがほとんど見られず、少々お疲れかと案ず。

われ、面、小手～面を数本決めたが、何か物足りなさが強く、心残りだった。先生は面と小手が一本ずつあったのみ。厳しい剣風の先生にしては珍しい一戦だった。

佐藤清英範士八段（千葉）
昭和五十五年十月十二日　朝
栃の葉国体朝稽古　日光東照宮武徳殿

初めてのお立ち合いである。

先生の手元よく利き、表裏の攻めも強く、時折り裏からの強い張りをしばしば受ける。攻め合うこと数秒、先生思い切って間に入り来るを、われ面、小手～面と出端へ決める。

橋本明雄教士八段（東京）
昭和五十五年十月十三日　朝
栃の葉国体朝稽古　日光東照宮武徳殿

先生、攻めつつわが手元を崩す（手元を上げさせる）。ここで小手をねらい、うまく打つ。幾本か決められる。このとらえ方、タイミングの良さは真似すべし。われ逆に剣先鋭く間合に入り、パッと小手を決める。また遠間よりの思い切ったる面打ちも有効。小手～面、先生は退くのみで面がまた決まる。会心の打ちと覚ゆ。

反省

わが小手は弱点。ここを攻められ打たれると危ない。剣先と体勢が上ずっている証し。気力の弱さか、手元が上がる。手元堅く、を覚えないと不可なり。

堀籠敬蔵範士八段（宮城）

昭和五十五年十月十三日　朝

栃の葉国体朝稽古　日光東照宮武徳殿

互いに間を詰めようと攻め合い機をうかがう。その間数秒。互いにほとんど手の内を知らぬ間柄、仙台の全日本選抜八段戦以来となる。

わが面、小手～面の攻め打ち、うまく防がれる。かえって打ち合い後の近間で機をうまくとらえられ、パッと小手を打たれる。押さえか、居つきか、一瞬ゆるんだとき、上手に打つタイミングのよさに感服。また返し胴も一発いただく。われも果敢に打って出る面数本あれど満点とならず、六～四分で先生に分あり。しかし、楽しかった。なかなか試合上手な使い方を感じる一戦。ほとんど無理な打ち方をされず正剣とみた。

堂々たる攻め勝ちでないといけない

楢崎正彦範士八段（埼玉）

昭和五十五年十月十四日　朝

栃の葉国体朝稽古　日光東照宮武徳殿

かたや範士と差がついたが圧迫感なし。しかし構えは前より大きく映じた。剣先も強く、容易に打ち込むのは無理と感ずる。

わが思い切りの面もなかなか当たらず。小手～面もわずかにかすった程度。これは攻め不足か。気構えに問題があったのではないか。相手しきりに小手を攻め来るも、間を取り打たせず。小手～

面に対しても、われ構え崩さず、打たれず。われそこを少々余して面を決めたが、後味悪し。

反省

余した後の先の如き打ちは情けない。堂々たる攻め勝ちでないといけないと強く思った。

西川源内 範士八段（奈良）

昭和五十五年十月十四日　朝

栃の葉国体朝稽古　日光東照宮武徳殿

思い切りお手合わせをいただく。

先生構え静かで崩れず。また動きもほとんどなく、剣先はなかなかによく利いていて、攻めるも容易に入り難い。攻めても来たらず。面越しに見る目は不気味を覚える。われ小手打つも、小気味良く小手に返され、打たれる。またわれの居つきと見るや、瞬間、小手～面、足の運びとともに鮮やかに面を打たれる。正確さ、速さのコンビネーションは凡人とはちょっと違う。そして出小手の決め方も鮮やか。感嘆せり。

この中にあって、われ思い切ったるかつぎ小手、遠間から攻めての小手～面は会心の打ち。これはせめてものなぐさめ。われの突きからの面も軽くいなされる。なお先生は一本打ちの面をあまり打たれぬ。経過は良しとするも心境未だ遠し。

反省

打突のたびに教えられた一戦。

松井明 教士七段（岡山）

昭和五十五年十月二十一日　夜

全剣連合同稽古会　日本武道館

張り切った新七段のけれん味のない稽古ぶりは好感を持つ。わが打ち気に対して直ちに乗って来るタイミングもよい。これをうまく出小手に押さえる。また面に乗る如く小手～面と来るを防ぐ。

相手の打ち、やや小手かつぎ気味は目に映じ押さえた。それにしても彼の気分充実は若さとともに良し。これから楽しみの人だ。

宮地誠教士八段（東京）
昭和五十五年十月二十一日　夜
全剣連合同稽古会　日本武道館

剣先下げ厳しく攻め来る。間合近きまま、しばらく攻め合う。われその構えの下がりしを内小手に打つ。意外にうまく当たる。小手を攻め、面をねらうが、先生、間を引いて切る。思い切って二回目を打つも面金にて不発。面打つも同様なり。その後、幾本か手応えあり。

先生、間に入ると手首軟らかくわが面を襲うこと再三。そのうちの小手～面で一本割られる。近間の打ちうまく、また足もしっかりさばく。お医者さんなれど、よく稽古をされておられる証し。感心せり。

反省

先生の間合に入り来るを恐れず、思い切って打って出れば当たる。

小川忠太郎範士九段（東京）
昭和五十五年十月二十一日　夜
全剣連合同稽古会　日本武道館

ぼやぼやとした立ち合いでは先生得意の面を打ち込まれるので、先手を取らねばと決意す。面を打ち、小手を押さえるも、やや迫力不足。胴を見事に返された。不用意な打ちは禁物。攻めなくてはと焦る。もっと激しく打ち込むのがよいのではないか。先生ご高齢とは申せお元気。

逸見和夫範士八段（東京）
昭和五十五年十月二十一日　夜
全剣連合同稽古会　日本武道館

ずいぶんと間が空いたお願い。

先生得意の右片手面打ち来るを、われうまく退き竹刀越しに防ぎ、面へ応じる。再三再四、うち一本はうまく打たれる。恐れず前へ出れば打たれないと思う。後攻め打ちは少々気力不足。遠慮してはいけないと反省。

熊丸治教士八段（福岡）
昭和五十五年十一月四日　午後六時
全剣連合同稽古会　日本武道館

初めてのお手合わせである。

お医者さんなれど、稽古量、研究量ともに豊富で、なかなか難しい内容。がっしりした手応えあり。足の運びよろしく、われ、したたかに打たれる。立ち合いから剣先はあまり動かさず、じっと構える。われ、小手~面は手応えを感じた。有効打と思う。

先生、スッと攻め入り、わが打ちを誘っての小手、見事に打たれる。この「スッと」とは誘いで、それが得意と見える。ほとんどこれで技を出す剣士。われ攻め甘く大きく面を打つと、先生手元を大きく挙げ小手と正確に打ち出すを感ず。立派な足さばきである。

わが遠間からの思い切る面打ち、また小手~面打ちが決まるのは、先生しばしばそのままで見るゆえであろう。また先生手元を極端に下げ来る（誘いかも）をわれそのまま入り打つ。有効。後ここのところがわかり、後半は気分的に楽な対戦となる。

玉利嘉章範士いわく「後半はあれで良し。位取りの問題、覚えなさい」と。

剣先を咽喉部から外さず、入られても恐れず軽く打てば良いということ。位取りのことを反省する。

小川忠太郎範士九段（東京）

昭和五十五年十一月四日　午後六時
全剣連合同稽古会　日本武道館

先生の動き、比較的今夜は目に入る。対して応ずる。しかし少し弛んで面打ちに出てはいけない。たちまち先生に小手を押さえられた。高齢の先生なれど、先手打ちに出られることを考え懸からなければならない。先の懸かりを大切にすること。

小室進教士八段（埼玉）

昭和五十五年十一月九日　午後
埼玉県剣道祭　埼玉県武道館

先生近間に入り来る。われ剣先にて応じ、攻め返す。先生、機を見てわが面を打ち来るも、何回となく防ぐ。しかし、ときに面を割られる。応ぜず、返せず、押さえられずというのは残念。応ずるも気迫だ。途中のやりとりのなか、わが剣先、無我で相手咽喉にうまくついて驚く。如何したことかと。

後半、われ打たねばと果敢に攻撃へ出る。小手〜面も先生引くところを二度三度と連続の打ち、されど有効ならず。近間にて鋭く下側から攻めての小手打ちは決まったが、やっとの思い。

反省

ほとんど一本打ちの面に出られなく攻め負けか。心の持ちようが問題だ。

先生方の講評

庄子宗光・逸見和夫両範士「構えで腰が前に折れる」

中島五郎蔵・中村廣修両範士「打ち、三回くらいを一本に集中すると良い」
その他
昇段同期の他剣士はそろそろ範士に昇格していい

得意の間をつくれ

佐藤貞雄範士九段
昭和五十五年十一月十九日　午前
川崎市消防助教研修会　消防センター

立ち合い間もなく、わが正面打ちを、先生うまく押さえ小手で決める。これは誘いに乗った。やや気迫の不足もあった。
また、近間からの引き際、うまく胴を打たれる。これも先生の得意。注意をしているが。続いて間に入られ面を打たれる。すっかり先生に読み取られた如きなるは残念なり。苦しまぎれの小手打ち、遠間の面も不充分、遺憾とする。まるで子供扱い、不覚なり。

反省
気力大不足。剣先の働き無し。間合を考えろ。
体調異状無きに、体の動き、切れ鈍し。

教え（全員へ）
一、間合を大切に、得意の間をつくれ。引いて余すようなことをするな。
二、自分の間合で勝負を。
三、気分をしっかりせよ。

る。今の私の剣道ではほど遠い。別に意識していないが、立ち合いのたびに足りなさを感じるのは情けなし。

四、打ちは思い切って捨て身で打て。

中野八十二範士九段（東京）

昭和五十五年十二月十九日　夜

全剣連合同稽古会　日本武道館

終了間近のため、時間が短く残念だった。始めの思い切ったるわがかつぎ小手、決まる。反対に先生のかつぎ小手、その瞬間、われごく自然にズイッと体ごと出て先生の手元を押さえる。この二点はとくに印象深い。

双方の打ち失敗後、近間となり正面打ちとなったが相打ち多し。もし時間が許されれば、どういう展開となったか。もう少しの時間がほしかった。とにもかくにも今日打たれなかったのは収穫であった。

参考拝見（中野先生と他の先生との立ち合い）

先生は打ち間、近間でも打たせない。相手の太刀筋を厳しく見極め、「剣先」で「鎬」でよくさばく。またあまりにも近間で間が取れないとみるや、払って突きを出し、面を打つ。その呼吸は見事と思う。

反省

打たれても打たれても打って出ること。気迫と先を懸ける積極性が必要であると痛切に思う。

佐藤貞雄範士九段（東京）

昭和五十五年十二月二日　午前

全剣連合同稽古会　日本武道館

気力充実を第一に、前回の二の舞はせじと緊張し強く立ち合う。まるで嘘のような展開。比較的肩などに力入らず、スムーズに打って出られる。と同時に先生の間合も打ちもともに映じ、攻めを防ぎに出られる。

われ気力の攻めにて、先生が間合に入り来るをじっと抑え我慢する。例の先生の押さえ小手、鍔ぜり近くでの胴打ち（引き）を打たれないで経過したことに驚く。そしてわが面打ち、小手～面打ち、（払い）小手打ちに手応えを感ず。竹刀も心なしか軽く使えた。気力の充実というべきか。調子良きは心次第というべきか。

われへの教え

気剣体一致。一足一刀からの打ちがよく機会をとらえて打っていた。見事です。

全体への教え

一、正しい足の使い方（速く）、今後とも努力を。

二、（質問に答えて）すり上げ技と一刀流切り落としは本質的に異なる。すり上げ技は鎬ですり上げて打つ技。切り落としはあくまで相手の打ちを上から鎬で切り落として打つ技である。

佐藤博信 教士八段（東京）

昭和五十五年十二月二日　午前
全剣連合同稽古会　日本武道館

稽古ぶりは拝見していたが、なかなかの使い手で勉強になった。

若手ながら稽古量豊富。稽古場所、相手などにも恵まれ人物評もよい。剣風は立派で、それこそ交剣知愛となる人物。わが打ち、小手にせよ面にせよ、すり上げがうまく、すぐに応じ返すのは教科書通りと映った。

また、攻めからの面打ちも鋭く真っ直ぐ、少々小さくはあるが打ち込むタイミングのよさ、うまさは自信のある証し、さすがである。冴えた打ちは小技でも引き立つ。これに比べてわが剣は未だし。攻めも打ちも応じもだいぶ劣っているのではないかと恥じ入る。

わが正面打ちも出端小手も、やや流れ気味で満点ならず。返し胴も少々物足りず。

全体、七分～三分の対戦と反省した。「打たれて覚える剣道かな」。

反省

大きな反省と工夫研究をいただく。われ努力精進が足りずと認識。とくに見事な応じ技を強く体験させられた。仕掛け、応じともに偏りなく身につけないといけないと反省させられた。

六、心気力一致の稽古を——（昭和五十六年）

呼吸のこと

阿部忍範士八段（東京）
昭和五十六年一月一日　午前
新年稽古会始め　大学道場

先生得意の小手～面の打ち、われ再度返し胴を打つ。正面打ちも相手が見えて、押されることなく前で打てた。

わが面打ちは、先生にうまく小手を一本押さえられたが、それは見事。他は圧迫感とてなく、激しい内容もなく終わる。どうしたことか、今日の立ち合いは、よく相手の動きが見えたのが収穫。先生の小手は、打ち間（時間的）があってその後、面に来る。したがって小手をその場で見ると、次の面で打たれる。ゆえに前、前へと少しでよい防ぎの態勢に入ると、応じた打ちにつながる。

小林富次郎氏（四代目剣道具師）
昭和五十六年一月一日　午前
新年稽古会始め　大学道場

わが小手、面打ちにうまく合わされて面を再三打たれる。われもう少し我慢し、じりじりと間を詰め、相手の動きを観察して打つべきであった。見極め悪し。決してあなどったわけではない。あまりにも心の配りがずさんで集中できなかった、それが残念。それにしても、なかなか苦労した稽古の方だと感じ入る。

中倉清範士九段（東京）

昭和五十六年一月十九日　夜
全剣連合同稽古会　日本武道館

立ち合いから気の張る強い圧力を感ずる。剛腕の攻め打ちが展開される。われもまた自然に激しい気迫が湧き出る。少し冷静さを失い、遺憾。始めから終わる少し前まで何とか気力、体力で打ち合う。しかし終わり近く、近間での小手打ち、逆足の胴と続けざまに打たれ万事休す。七十歳過ぎにして打ち来るあの気力、体力は凄い。感銘ひとしおである。

反省

一、鍔ぜり合いからの、かつぎ気味の打ちは先生得意のところ。わが剣先、先生の咽喉元にあり打たれず。また強引とも思える打ちは、われ頭をもって防ぎ、当たらず。だが、竹刀で受け返すべきだった。

二、わが剣も素直ならず。真っ直ぐな打ちを出せぬのは遺憾。

三、間合を取り先生がかつぐ瞬間、われ打たれるを意に介せず、小手を押さえるか突きにいくか出来ぬものか。歯痒いばかり。ただこのとき、わが剣右胴打ちを自然に一〜二本打てたのは成功に入るか。

四、やや近間のとき、表を攻め裏から諸手突き。少し外れしも「とっさ」の技としては良しとした。

五、体当たり気味の体の接触にも力が思わず入る。

中野八十二範士九段（東京）

昭和五十六年一月三十一日　早朝
日体大寒稽古　大学道場

剣先の強さは張り気味、強く竹刀をさばかれる。スッと入り気味からわが面を打つ。連続で三本、同じように打たれる。われ、どうして防ぎに出れぬのか、残念。余したり（引く）するは大きな誤りであった。言葉にできぬ何かの理合で打たれた。
わが攻撃、先生の出に合わせ、小手～面と渡ると一本のみが通じたが、あとはすべて返された。

反省

先生に攻め入られ厳しく打たれたが、われあのところ、出端を打てぬもどかしさを感じた。気力負けか、格の違いか。
わがかつぎ小手は、思い切りの良さが不足だった。先生の鍔元に当たった小手打ちあり、もしかすると崩せたのでないか、残念。

佐藤貞雄範士九段（東京）
昭和五十六年二月四日　午前
川崎市消防助教研修会　消防防災センター

本日の先生はなかなか攻め強く、われ面に跳ぶも鮮やかに返し胴。押さえ小手も小気味よくポンと打たれる。そのうまさ迫力ともに七十六歳とは思えぬ立ち合い。
われ一所懸命機をうかがい攻め打つも通用せず。まぐれ当たり数本では情けなし。すっかり呑み込まれたる内容。打ち返しで終わる。道はるか遠きを感じた。

反省

焦らず、相手ペースに乗らず、剣先を働かせ、先生の動きをも封ずる気迫が必要である。

滝澤光三範士八段（神奈川）
昭和五十六年二月十一日　午後
県合同稽古会　神奈川県立武道館

久しぶり。終わりの間近、先生に声をかけていただき、感謝いっぱいの稽古だった。
サッと立ち上がり攻め合う。機を見て先生スッと間を詰め来る。われ思わず一、二歩引くところ真っ直ぐ面を割られる。二度も同じ経過をたどるとは腑甲斐なし。われ気を取り直し、剣先を利かし積極的な攻めに転ずる。小手~面、面と立て続けに攻め打つも、決定打不足。

しかし、これが先生の出足を止め、逆に退かせる結果を生む。先生、わが小手を打ちきたるを三度、その出端へ乗り面が成功する。また面にきたるを、小手に押さえる。五分五分か六分四分で有利な立ち合いができたと自負。それにしても、初太刀の面が大きく残り残念。

反省

一、立ち上がりに初太刀を打たれること。気を抜くな、ここがいつも問題点。大事なところと心す。

二、気力の充実不足を途中で少々補えた。充実すると、防ぎから攻めへもスムーズになる。今日の稽古にそれが少々現われた。

宮地誠 教士八段(東京)

昭和五十六年二月二十六日 夜
全剣連合同稽古会 日本武道館

二度目の稽古となる。相手剣先を下げて攻めきたるを、われ良しと同じく低目にして、いつでも突くぞ打つぞを心と共に表し利かせる。相手動き止まる、そこを打って出る。相手、引く。剣先をわが咽喉につけるも、委細かまわず思い切り打つ。しかし、外れる。上から内小手が数回決まる。

相手、攻めから打ちなく、われ比較的余裕をもった立ち合い。一本も打たないのはいかにしたことか……。

滝澤光三範士八段（神奈川）
昭和五十六年二月二十六日　夜
全剣連合同稽古会　日本武道館

再三同じような小手〜面が見事に決まった。相手の出端である。先生の攻め入らんとする瞬間、自然に打ちが出て成功。ここは大切なところとわかっていながら、いつも打てなかっただけに大きな喜び。しかし先生の入ってしまった後、われの体が止まる。そこを打たれる。ここは一瞬の違い、ハッと息を呑むところを注意しないといけない。今夜も声をかけていただき感謝。わが心の励みとなる有難い立ち合い。

反省

呼吸のこと、打つも打てぬも打たれるも、みなここにあるか。

有馬宗明教士八段（神奈川）
昭和五十六年三月一日　午後
八段予備審査後の稽古　神奈川県立武道館

終わり近くで時間不足は心残り。
攻め合うも間合少々近し、反省だ。われここから小手〜面を数本決めるも感慨なし。相手も面、小手〜面と打ち来るも防ぐ。しかし楽しからず。われ小手を数本打つも、もっともっと遠間で攻め崩し、打つの正道の稽古が必要だった。凡戦は両方の責任と反省する。

佐藤貞雄範士九段（東京）
昭和五十六年三月四日　午前
川崎市消防助教研修会　県消防防災センター

三本勝負のつもりで立ち合う。
打たせないで打つ気力を充実、攻め防ぎの攻防一致を考慮する。前半、小手〜面、面を攻めて出端へ決めることができた。気力の充実であろう。後半は先生の攻め強く、完全な正面打ちを二本いただく。すなわち一本は攻め負けで退き際、一本はわが剣先が上がって宙に浮き際。わが正面打ちは再度小手を押さえられる。誘われて打っていたような感じで腑甲斐ない。相手を崩す剣先の強さ、気迫未だし。

反省

われ、雑な攻めで気力の充実不足。良し悪しはなんといっても気力による。

引くな出ろ

森島健男範士八段（東京）

昭和五十六年三月十二日　夜

全剣連合同稽古会　日本武道館

久しぶりにお願いした。今夜は二〜三本の打ち合い後、三本となり緊張ひとしおだった。相手は竹刀の動きなし。じっと動かず。攻め気を感ぜず。しばし過ぎる。われ焦りなく、しからばと打ち気に転ず。思い切った大技で面打ち、小手〜面、さらに小技でスッと攻め、下側から小手打ち、いずれも手応え感ず。しかし先生は動ぜず打たず（返さない）で終わった。ただし最後、わが引き際に片手突き出す。

この静から動への一本は見事だった。われ全くわからず。残念。残心なしゆえか。続いて先生の小手打ちはわが右こぶしであったが、刀なら切られていたであろうと思う鋭さ。無駄なことは一切なしの一戦なるも、心への圧迫はもちろん、体に応える何物もなかったのは事実。

私は期待した仕掛け、応じの妙味がほしかっただけに（剣道は打った打たれたでないにしても）少々淋しかった。しかし「静と動」、珍しい立ち合いを経験させていただき有難いと思った。

岡田保雄 教士八段（和歌山）
昭和五十六年三月二十二日　午前
第五回明治村剣道大会　無声堂

一回戦で敗る。

まことに腑甲斐ない一戦で恥じ入る。自己精進が足りないと大反省した。

相手、わが小手を執拗に攻め打ち来るを、引きながら相手の小手を打ったのが誤り。理に合わない作戦といえる。前へ出たのとは異なる見方が成り立つ。幾本かの打ちあり。途中一本はきれいに当たったが、この大会では一本にならぬ。何年か前も井上（晋一）先生との対戦で同じように打ち（小手）が認められなかった。そのときは、惜しかったと先生にいわれたのだが……。最後に追い込まれたかたちで小手を打たれた。引いたのは誤りで、これは当然のこと。鉄則とでもいうか前へ前への気力不足だった。われからも少しは小手の攻め打ちを出すも、相手の気力勝って不調なり。一本打ちの面も、小手〜面も出さずじまい。これは小手を打たれるを恐れた気力負けか。当たり前のことだ。

さらに、終わり近くにクリンチ気味の近間から避けようなく面を決められる。遺憾。

反省
一、思い切った正面打ち、小手〜面を打てない。
引くな出ろの攻撃を忘れていた。
二、このように小手打ちに来る相手に払い小手を逆に打つべきだった。小手には小手だ。

三、今後「心気力の一致」（千葉周作先生の教え）の稽古を。気迫だ。

謝徳仁範士八段（台湾）

昭和五十六年三月二十九日　午後

思斉館滝澤道場訪台記念交流　台北市内小学校

初めてのお手合わせである。比較的過ごしやすい気候でやりやすかった。ただ、床は全くの石畳で堅く、われわれ裸足ではやりにくく、かなり抵抗感もあった。

立ち上がり、じっと剣を合わせ攻め合う。台湾人が相手であることを忘れる。先生の姿勢、構え堂々と大きく、動じそうにない態度は立派、好感を覚えた。しばし攻め合うも先生の剣先動かず静の構え、打とうの気配、さらさらなし。機を見て小手〜面へ、思い切った面うまく届くこと幾本か。一本打ちの面も当たる。ほとんど反撃なく終了する。さらりとした対戦だった。

佐藤貞雄範士九段（東京）

昭和五十六年四月八日　午前

川崎市消防助教研修会　市消防犬蔵センター

双方厳しく攻め合う。出端への面、小手〜面また小手打ちなど決まる。すべてに気を張り対応した。前回よりも感じ良し。先生に返し胴をいただくも、この攻めやや呼吸が問題だ。理屈でわかっているだけでは駄目。知行合一、事理一致である。引かず出ろ、恐れず出るを反省す。

教え（全員へ）

剣先を咽喉につけたまま、手元を少し前に出せ（つける）。かくすれば、相手の出足や出んとする心を止められる。そしてそこを打つ。

反省

今まではかたちばかりで、相手の手元を押さえるのも真似事だったが、それでは駄目だと感じた。あとは精進のみ。

長島末吉教士八段（東京）

昭和五十六年四月十三日　午後
東京剣道祭　芝学園

今年、東京より範士に推挙されている。警視庁主席師範。往年の名選手との組み合わせは好運と感謝する。相手の攻めもそう強くなく攻め合うが、われなぜか正面打ち、小手～面打ちの思い切りがない。出端へ打たれる小手を少々かばい過ぎ。

立ち合い、われしばらくして小手～面と打ちに出る。その小手打ちに続く面のとき、相手の剣先ひっかかる。わが左手が竹刀から外れ、審判が「分かれ」を命じようとしたそのとき逆胴を打たれる始末。

反省

一、間合を詰めれば良かった。
二、最後のクリンチ後から、われ引き際（分かれるため）で軽く竹刀を払われ落としたのは、気の緩み。大不覚。
三、全体を通じて気分の乗らない試合ぶりは悪し。こんな思い切りの悪い剣では誰とやっても……（心の持ちようが問題だ）。

佐藤貞雄範士九段（東京）

昭和五十六年四月十五日　午前
川崎市消防助教研修会　川崎消防センター

打とう、打たれまいより、打たれてどうぞだと開き直った。最近少々考え過ぎて相手に打たれている。良い剣道をやろうと思えども無心になれない、前々の少々当たっているときの自己の剣に執着してしまう。

それを何とか払拭したい。先生に返し胴を、出端の小手を打たれた。しかしそれにしても、気持ちは出られたし先生の打ちも目に映った。わが小手からタイミングを置いた面は良く、確かな手応えを感じた。この開き直りの如き心の働きが動き、打ちをスムーズにさせたのかもしれない。

反省

一、打たば打て、打つ機は打て。すなわち無心に近い。

二、立ち合い大肝要なりと……。

小川忠太郎 範士九段(東京)

昭和五十六年四月二十一日　夜
全剣連合同稽古会　日本武道館

先生の攻め打ち衰えが見えず、打ち来るに思わず感銘を受く。そして打っても、打たれても、ごく自然の姿もまた尊し、見習うべきと感じた。八十歳とはとうてい思えぬ気力体力に驚く。それに引き換え、わが剣はただ早い跳ぶばかりの打ちを身上としている。それも悪いとは思わぬ。だが、もっともっと冷静な理合に基づくものでなければ。もちろん数打ち的なものは避けるべきだ。少々面や小手に当たったぐらいでは駄目、心を打てと教えられた気がする。

大野操一郎 範士九段(東京)

昭和五十六年四月二十一日　夜
全剣連合同稽古会　日本武道館

一年ぶりのお願いだった。先生の気力充実なかなかで引かない攻めは強く印象強い。

遠間から思い切った出端への面は、裏からだったがうまく決まる。会心の打ち。従前よりも圧迫感が少なく打って出られた。

ただ攻められての小手、返し胴の二本はいとも簡単に打たれた。気負けしたか。八十歳といわれるが、八十歳、お元気さに感嘆せり。

玉利嘉章範士八段（東京）
昭和五十六年四月二十一日　夜
全剣連合同稽古会　日本武道館

七十八歳も未だ衰えずの感。例の如く表裏より攻め剣先を下げ、間を詰め来る気なかなか。われも負けじと攻め合う。しばし我慢。先生の攻める

攻め崩して打つ

廣光秀国範士八段（福岡）
昭和五十六年五月四日　朝
京都大会朝稽古　武徳殿

八段昇段後、間がずいぶん空いてのお手合わせ

端へ、われ上から剣先を押さえ気味に正面を打てば手応えあり。二～三本決まった。

ただ、われ攻め負けて引いたのはいけない。手元を押さえることも必要。打つことを念願とするは良しとするも、もっと攻め合うべきだった。

反省
「打った打たれたよりも攻め合う、負けないのが大切」と先生に打ち過ぎを指摘され、剣道とはいったい何か、との疑問わく。

である。攻め合いは鋭く対峙。機をうかがう。わが小手～面の一気の打ちも軽く防がれる。正面打ちも通ぜず返し胴を受ける。

先生の小手～面と攻め打ちでわれ危うし。瞬時

の隙も許さぬ立ち合いには押される。疲れた。両腕に力が入る。とうとう小手を打たれ、面をたたかれて終わる。わが剣通ぜずを思い知らされた一戦。

反省

どのように攻め、どのように打ったらよいのか思い浮かばずは残念なり。攻めの圧迫感か、すべて消される。

佐藤毅範士八段(新潟)

昭和五十六年五月四日　朝
京都大会朝稽古　武徳殿

われ、八段に昇段して初めてのお手合わせ。ずいぶん間が空いた。軽快で足さばき良く、なかなかつかまらず。

攻めればさっと間合を取る。引かばツツーと詰め来る速さ。先生この気迫の鋭さと足さばきの良さでわれ思わず居ついたところを見逃さず面打ち。「パン」とはじくように打たれる。わが攻めも再三の打ちも全く通ぜず防がれる。強引の遠間からの打ちも出すことかなわぬまま終わる。先生立派。

反省

相手への間の詰めを今少し我慢する。その上で攻め誘いを作り、相手を引き出す工夫と機会のとらえ方を考えること。

新岡精弥教士八段(青森)

昭和五十六年五月六日
第二十九回京都大会立合　武徳殿

双方慎重に立ち合い攻め合う。先生には範士の声がかかっているとの評あり。われは知らぬうちに力が入っていた。つとめて「打たば打て」の心境で立ち合いをしたつもり。われ、相手が剣先で押さえにくるのを利用して「かつぎ小手」を放つ。

これはうまく決まったかと思う。

しかし、審判の手は挙がらず、攻め合う。相手、思い切ったように遠間より面打ちに出る。われ少し引き面金に余らしてよける、危なし。その後、われ小手~面を二~三回と仕掛けるも通ぜず。直後、裏から攻めて面決まる。一本先取。その後、打たば打つぞ、相手の剣先を押さえ入らせず、両者小手打ちも決まらず、時間切れ。

反省

一、わが姿勢態度崩れなしと知人剣士に聞く。
二、会心の打ちなく残念。
三、無駄な打ちは無いと思ったが、果たしてどうであったか。

佐藤貞雄範士九段(東京)

昭和五十六年五月十三日　午前
川崎市消防助教研修会　消防センター

京都大会後初めての立ち合いだった。

前半、範士に攻められ、打たれ返されの場面多く、調子なんとなくいまひとつなるは気の問題かと思う。

後半は思い切り遠間より一気に出端へ打って出て面が決まる。またかつぎ小手も小さな打ちだったが、これも決まる。範士の「参った」の声が聴こえたほど。気迫はもちろん、足を素直に使って無理なく打てたのが良かったと思う。「打たば打て」の心境大切なり。

教え

心の持ちよう。切り返し(とくに打ち切れ。手の内の締め、のばし)。構え(正しい構え。三角矩について。右手の握りと打ち切りの問題)。

大久保和政 教士八段（埼玉）

昭和五十六年五月二十二日　夜
全剣連合同稽古会　日本武道館

なかなか熱心な剣士でよく上手にかかる人である。小柄な方。一本打ちを失敗すると続いて連続打ちを得意とする。少しでも引かば、すぐ追い込んで来る軽快な足があり要注意。また応じ技の、すり上げ技も小さくうまく打てる。われ、逆に当方から引かず攻めたてたほうが良いと思い、つとめて間を詰め中に入るが、それが効果的な手合わせとなった。

わが一本目の一本打ち面は、剣先を強く間を詰め、打つと当たった。これは入られるを防ぐこと、出端を打つことができ良かった。作戦図に当たった。以降の流れもこれでいける。

反省

相手の真っ直ぐの打ちは真似すべき良い打ち。時間不足は残念。

小中澤辰男 範士八段（神奈川）

昭和五十六年五月二十二日　夜
全剣連合同稽古会　日本武道館

半年以上も空けての稽古、失礼した。間を詰め合い攻め激し。われ剣先の交叉深く少々力みを感ず。攻め負けゆえか。このため打ちも素直ならず。小手〜面など有効打にならず、逆にうまくさばかれ、わが面をパンパンと叩かれる。先生は間を詰めるも、自らはほとんど打って出ないため、われは攻め打ちに専心できたはずなれど、この有り様。

後半リラックスした。近間より思い切り攻め、剣先を下げ（下を攻める）て間を置くや否や、面へ打って出る。良い手応えを感ず。払い面も思い切り打つ。近間なれど、その場打ちの小手も決まったかもしれない。先生押さえ小手はなかなかうまく、機会のとらえ方は参考に。

反省

間合少々近きは、有効打とはいってても本物といえないいくらい不満足。攻め負けて打っているうちは駄目だ。攻め崩しが必要である。

佐藤貞雄範士九段(東京)

昭和五十六年六月十七日　午前

川崎市消防助教研修会　消防犬蔵センター

入梅時、暑い日である。先生変わらず気力満点。剣先の詰めに、打たんとするあらわな心を察した瞬間、スッと間を引く。それが再三にわたりわが打ち気を散じさせる。ここが大切。無理な打ちは理に外れる。ここを覚えないといけない。

わが小手~面も小手へ、面へと返される。その呼吸に手を焼く。ここも大切。われ剣先を下げつつ攻めて面へいくも先生小手を押さえる。なすすべなし。この押さえ小手を覚えること大切。攻め弱きわが打ちは危険千万というべし。

反省

間合詰められ、苦しまぎれに放つような打ちでは通ぜず、遠間より攻め崩して打つ大切さ。攻めの中から打ち、かつ応じる「攻防一致」をとくに身につけたい。終始気をゆるめるな。

伊保清次範士八段(東京)

昭和五十六年六月七日　夜

全剣連合同稽古会　日本武道館

今夜は全くお手上げの内容。散々たる一戦となる。

われ、攻め打とうの瞬間、サッと間を取る。引くや長いリーチを生かして諸手で振り上げながら抜いたかたちで、面を、胴を打ち来る。またときどき左片手横面を決められるのには閉口した。わが攻撃は届かず。矢継ぎ早の打ちも、逃げられてつかまらず、空打ち状態。われ、じっと剣先を下げる。再度うまく出端を打たれる。

反省

いかに攻めるかを考える余裕なし、残念。打とう打とうは焦り。相手の出端を打つべきだったか。

関根日吉範士八段(東京)

昭和五十六年六月七日　夜
全剣連合同稽古会　日本武道館

初めてのお手合わせ、なかなかの勝負師と聞き及びしお方である。期待して気を張り、立ち上がる。お体はあまり大きくなく、剣先を少し下げての構え、やはり攻めは小手打ちがうまい方かと。これも警戒した。われも始めから小手をねらう気分。

われ、小手を打ち、先生の引くを続けざまに面を打てば決まる。自然の流れ。先生剣先を下げ間を詰め、われ手元の上がり際、小手を打たれた。二本とも全く同じ発想による打ちだった。下側から攻め、そして打つ剣風で、面への打ちは今回一本もなし。打ちは小さく鋭かった。

また、下を攻め諸手の胴打ちに来るを、われ上から押さえ、先生の体が沈んだ瞬間、面を打てば鮮やかに決まる。終わり頃、攻め合うや否や、先生、片手突きに来るを、われ払って面を打つが決まらず。危なかった。

反省

遠間から攻め、大きな面を打ちたかった、残念。小手を恐れた結果であろう。「打たば打て、われも打たん」「小手のうまい人には小手を打て」は名言だ。

間合の異なる対戦はわれから果敢に

佐伯太郎範士八段（福岡）
昭和五十六年七月二日　午後
全剣連中堅指導者講習会　奈良柳生道場

初めてのお手合わせ。立ち合うや、剣先裏、表と鋭く攻め合うことしばし。

先生サッと入り、小手～面と打ち来るも、われ小手を押さえること幾本か。しかし、間の近くから分かれ際、先生大きく振りかぶりわが面をうまく決められる。その呼吸なかなかうまい。先生、攻め入りと打ちのタイミングがうまく、しばしば打たれる。次いで剣先を下げわれを誘い出すを、われ思い切り小手～面と激しく攻めたてて面を決める。満点ならず。

ときにすり上げ面、すり上げ小手などの返し技も見事で多彩な技を持っておられた。われ、しばしば間に入られ打たれる。先生張りあり切れ味ありで、小柄なるも動きが素晴らしい。

鶴丸壽一範士八段（兵庫）
昭和五十六年七月二日　午後
全剣連中堅指導者講習会　奈良柳生道場

長身で姿勢良く、面は真っ直ぐ小手も鋭く打たれる。攻めてわが手元の上がるを逃さず小手を決められる。まさかの瞬間、サッとわが面を打ち来る。長身で崩れず、スムーズな打ちは見事なり。われ攻めから少々強引な小手～面を打つ、先生すり上げ小手に転化し返し技で打たれた。

終わり頃、われ、先生の打つ気配に大技で面を割った。相手の出んとするを察すれば打てそうな感じを持ったが、後の祭り。

中倉清範士九段(東京)

昭和五十六年七月三日

全剣連中堅指導者講習会　奈良柳生道場

気の張ったゆるみなき稽古をいただく。

前半、われ遠間より攻め小手~面、面と打つが、不充分を感じながらも当たる。また小手も少しは通じたかの気分。さらに近間では先生の竹刀を押さえ、または叩き払い、そのまま鋭く面へ、これも手応えあり。先生はここまではあまり打ちに出てこず、守りの態勢であったのがわれには幸い。

後半は先生、右に左にわが竹刀をゆすり、中心線を取り、攻めながら胴、小手~面と矢継ぎ早に幾本となく叩かれる。われ、近間でかつぐなどするも、先生の剣先、常に真ん中にあり打つこと適わぬまま終わる。懸かり稽古となる。

反省

一、先生後半わが打ちを右、左に小さく体をさばきはずす。われ打つ手なく如何ともしがたし。足、体のさばきの凄さ印象強し。

二、また近間で片手面も数本打たれたが、如何せん。

三、気力を張ったつもりなれど、少々残念な結果。

石井久教士八段(北海道)

昭和五十六年七月三日

全剣連中堅指導者講習会　奈良柳生道場

本年八段合格で大学教員、初めての対戦。なかなか真面目に取り組んでおられると思っていたが全くその通り。

真っ直ぐの打ちは、小手に面にとまともであり、鋭いものを持っておられた。

槻館陽三教士八段（青森）
昭和五十六年七月三日
全剣連中堅指導者講習会　奈良柳生道場

初めてのお手合わせ。攻め小手打ちは小さく鋭く間に入られ打たれる。

わが気のゆるみとも思ったが、積極性不足でもあった。相手の面打ちを防ぎ、反撃する。わが攻めからの面、小手〜面、決まる。

丹羽彪教士八段（福島）
昭和五十六年七月三日
全剣連中堅指導者講習会　奈良柳生道場

しばし攻め合う。相手、大きくゆっくりした感じの面を打たれる。拍子の異なる剣士。われ、ただボーッと見るのみで精気なし。しかしだんだん慣れた感じで面、小手〜面と打って出る。

反省

このような間合の異なる対戦は、なんといっても、われから果敢に先に気強く攻め打つことだ。

豊田正長教士八段（埼玉）
昭和五十六年七月三日
全剣連中堅指導者講習会　奈良柳生道場

初めての手合わせ。われ上側から押さえ気味で攻め勝ち面打ちは再三決まった。小さい人には先手で。これがよいと手応えあり。終わりにうまく乗られ面を打たれる。われ打ち気なく、気のたるみあり、よくよく留意すべし。

荻野秀雄教士八段（東京）
昭和五十六年七月三日
全剣連中堅指導者講習会　奈良柳生道場

剣先はあまり動かさず、間をじりじりと攻め来るもほとんど打ち気を見せず、一瞬パッと打ち来る。タイミングよく、小手打ちがうまい人で打たれた。
われは遠間より攻め崩して面へ、小手~面へとねらい打って出ると決まった。静と動の対照的一戦であった。

丸田雄生教士八段（京都）
昭和五十六年七月三日
全剣連中堅指導者講習会　奈良柳生道場

初めての手合わせ。タイミングがよく、かつぎ小手がうまい。ときにより、遠間、近間、引き際などから打つ技も多く持ち、うまい打ちを繰り出す。われ、立ち上がり攻め、裏より小手~面を、面をと打つも、やや不足。五分と五分の手応えで、少々やりにくい一戦であった。

堀田國弘教士八段（兵庫）
昭和五十六年七月三日
全剣連中堅指導者講習会　奈良柳生道場

初めての立ち合い。立ち上がり相手片手突きを鋭く見せてくる。われしのいで面へ出るも少々外れる。双方打ち気充分、鋭い竹刀さばきで応戦、やや手数多くなる。わが小手~面も不足、相手も近間の小手鋭いが不足。また相手左片手面をわれ防ぐ。すかさず小手~面といき、決めた。これが唯一。なかなか張りのある稽古ぶりにはわれも気合がかかる。打ち、応じ、反撃など動き激しく、ともに楽し。

園田政治教士八段（大阪）
昭和五十六年七月三日
全剣連中堅指導者講習会　奈良柳生道場

初めての立ち合い。双方攻め合い打ちの機をねらう。二、三合の打ち合いも決まらず、時間切れは物足りず。

小平初郎教士八段（長野）
昭和五十六年七月三日　夕
全剣連中堅指導者講習会　奈良柳生道場

わが郷里の先輩、初めてのお手合わせ。
攻め合い、われ乗ろうと上から押さえ機をうかがう。先生負けじと攻め返す。われこの瞬間、間の詰めに乗って面をまた小手〜面と打ちに出ると、当たる。先生しきりにわが小手を打つも、すり上げ面で応ず。先生、小柄でわが上から攻め乗ったのは「剣先の利」とでもいうか、大切な攻め方の一つと感ず。

重岡昇範士九段（鹿児島）
昭和五十六年七月三日
全剣連中堅指導者講習会　奈良柳生道場

七段時代の若いときにお願いし、打たれたことは忘れない。気の遠くなるような間の空いた稽古となった。右から左、裏から表と攻めは気と気のぶつかり合いとなる。始め、範士のまさに攻め入らんの端に、われ小手〜面と思い切る。面はうまく決まった。あとで先生に「最初はうまくやられましたね。攻めのスピードもあり良いでしょう」と。ただ強引な面打ちは何度か大きくポクンという音とともによく小手を押さえられた。

反省
一、この押さえ小手は、ただ打ちさえすれば良いという強引な技をすべて消す。よくよく心すべし。
二、一本、範士のかつぐ端を小手に押さえた。攻め負けず。攻めの重要性をこのとき強く感じた。

やっぱり捨て身だ

西川源内範士八段（奈良）
昭和五十六年七月三日
全剣連中堅指導者講習会　奈良柳生道場

静なる構えからの攻めからの打ちは鋭く、迫力を感じた。われ一年余り前の対戦でだいぶ小手を打たれた。今日は攻め勝ち、先の有効打への意識も強すぎ、気負い込みはよくなかった。今回も小手を打たれた。裏から表から思い切った打ちに出ても先生の小手は必ずわが小手へ先に決まっている。いかんと思い打てば打つほど打たれ、嫌気強し。

止むを得ず開き直って遠間より、小手〜面、面と裏から打って出る。これの幾本かは決まったかに感ず。しかし先生はほとんど動じておらず、打たしてくれたのではないか。本来、理に適わぬ打ちでなかったかと思わざるを得ない。

あとで先生いわく「君の打ちは、とくに小手打ちは、私の心に何も響かない。本当に攻め勝っての理の打ちでないのではないか」と。

反省

思い当たるのは小手を打っても相手の懐の中へ入っていかないということだ。本当は先生に打たれるのを恐れて格好だけ先に打っていた。極端にいえば、その場打ちとなる。やっぱり捨て身だ。

忘れるなと自分に言い聞かす。

次回をと心に誓う。

森山衛教士八段（東京）
昭和五十六年七月三日
全剣連中堅指導者講習会　奈良柳生道場

攻め合う。鋭い小手打ちはなかなかうまい。二、三本打たれる。われの攻め返す端をねらう小手がうまい。また近い間合で長身の利をもって面を打つ。相手（警視庁教師）は体も崩れず勝負強い剣士。われ攻めあぐんだのは、自分が弱いということか。

近間からの面打ちは大きく体を使って打って来る。「近間では大きく打て」の教え通り。

小平初郎教士八段（長野）
昭和五十六年七月四日
全剣連中堅指導者講習会　奈良柳生道場

昨日に続き二回目の挑戦を受け、先にお願いせず失礼をする。上から上から攻め崩す。また出端を打ち、決める。先生の打ち、のびず届かず。

長野武大教士八段（兵庫）
昭和五十六年七月四日
全剣連中堅指導者講習会　奈良柳生道場

本年五月新八段の若手。長身で攻め打ちきびきびと思い切りよく、面へ小手と打ち来る剣士。小細工なしは好感のもてる剣士と映った。攻め打ちが単調なので、出端を押さえることができた。先生少々堅さ（力みとは違う）があるとの感じ。

浦本徹誠教士八段（広島）

昭和五十六年七月四日

全剣連中堅指導者講習会　奈良柳生道場

大柄で打ちもしっかりして強く姿勢態度ともに立派。とくに分かれ際は絶対許さない気迫に満ちた心得は見習うべき。安易な分かれ方のわれは何本か追い込まれ気味に打たれ、反省。

われも出小手を決める。また相手応じが少々足りなく、ここをつくと打てる場面があった。

長谷川壽範士九段（大阪）

昭和五十六年七月四日

全剣連中堅指導者講習会　奈良柳生道場

攻め合う。先生しきりに打つ気配を見せ誘うが、われ動ぜず間を切る。逆に攻め返すと先生少し引く。そこをそのまま思い切ったる面、当たる。また先生のかつぎ気味からのまさに出んとする端を小手に打つと手応えを感じた。今日は比較的打たれないで終わることができた。先生は間に入り、面、小手打ち、返し技は見事で、七十有余歳と聞き及ぶが、この足さばきは見習ってあまりある。

大西友次範士八段（島根）

昭和五十六年七月四日

全剣連中堅指導者講習会　奈良柳生道場

だいぶ長い間お願いできずであったと思い、かかった。

先生の面、小手打ち、地味ながらよく出られて、これらの打ちで打たれ少々面食らう。幾本か参った。われも面、小手～面と積極的に打って手応えを感ず。しかしながらわが攻めは先生に比して未だしを覚える。

長崎正二郎範士八段（東京）
昭和五十六年七月四日
全剣連中堅指導者講習会　奈良柳生道場

立ち上がり早々、相手片手突きに出て来る。とっさにわれ左に払い面を決める。続いてわれ攻め、相手剣先の下がるを諸手突きから面へ、相手うまく体をかわし引く。かなり追い込んだかたちであったが不発は残念。あと打ち合いが続かず時間切れとなるは惜しまれる。

浦本徹誠教士八段（広島）
昭和五十六年七月五日　朝
全剣連中堅指導者講習会　奈良柳生道場

気の張った稽古ぶり。われも終始ゆるめず立ち合う。前回の稽古で相手が打った後の一瞬、気の抜くところを許さず、よく打つはなかなか厳しく一～二本と小手、面など打たれる。今朝はあまりこれを許さぬよう警戒し不十分とする。われ逆に相手のここの打ちを承知して出小手、出端への面を決める。

村上五一教士八段（福岡）
昭和五十六年七月五日　朝
全剣連中堅指導者講習会　奈良柳生道場

攻めからの仕掛け、返し技はかなりスムーズに、力みもなく素直に打っておられた。かつぎ小手、大きく一本見事に参った。われは遠間からの面、かつぎ小手をお返しした。

佐久川憲勇教士八段（沖縄）
昭和五十六年七月五日　朝
全剣連中堅指導者講習会　奈良柳生道場

昨日に引き続き挑戦される。
われ、遠間よりの面打ち以外に決まること数本。

この方には相手の出端を遠間でも近間でもねらうことが有効と感ずる。もっと気の攻め強くして、相手竹刀の上から上から押さえると、もっと楽な進め方ができたのではないか。

追記

剣道三昧の中堅指導者の講習会、全国各地より多くの先生、先輩、同輩、後輩剣士の方々との手合わせは楽しかった。また大変勉強になり課題も与えられ有難いことだった。幸い事故、体調をこわさず終始でき感謝でいっぱい。

解散前日の夕食会は本当に楽しかった。入梅のこの時季、ここは雨の多い場所で今回も雨ばかり。稽古着の二枚は乾くことなく臭くじめじめは少々苦痛だった。新品に近い小手は、持ち帰ったが廃棄するほどの傷みで驚いた。

西川源内 範士八段（奈良）

昭和五十六年七月五日　朝

全剣連中堅指導者講習会　奈良柳生道場

今日は最終稽古日。何としてもわが攻めを相手に通ぜしめ一本だけでもとの執念でお願いした。

とくに中心を攻め、激しい剣先の触れ合いから面を、小手をと仕掛ける。少々の手応えはあったが、途中弱気になった二日目のように、小手、小手～面などを打たれた。ために終わり近くになって握りに力が入る。ハッと力を抜くこともしばしばであったが、初日とは違ったやりとりができたのは幸い。

後半はわが小手、小手～面打ちなどが先生の頭上に届くようになった。先生の小手打ちに来るなァが目に映じ、しばしば打ちに来られても動じなく、居つきもほとんどなく、自分ながら素直な面などを打って出られた。攻めを強くしても不必要な力が入らないとここまで打てるのかと嬉しく自覚。

反省

一、心の持ちようがとくに大切。先日の教えに対する答えを少しばかり出せたのではないか。先生のさりげない立ち合いに「そうだそうだ」という無言の導きを感知した。

二、「本当に打つ気があるのか、俺の心に響かないぞ」。攻めが通じなかった二日目の一言は勉強になった。先生、最後にいわく「君は良い稽古だ。そのまま精進を祈るぞ」

有難い一言を忘れない。

無心とはこれなるか

佐藤貞雄範士九段（東京）

昭和五十六年七月八日　午前

川崎市消防助教研修会　消防防災センター

暑い日になった。気分もゆるみがち。しかし先生は厳しい立ち合いだった。気がゆるまぬよう心した。われ、先生の竹刀を上から押さえて乗ろうとするも、スラリスラリと裏表からかわされる。打ち気を挫くような先生のさばきは見事。本当に打つんだという気構えで小手も面も打ち、少々手応えあり。先生の打ち気も日頃より少なめで終わる。

反省

先生の打ち少なめは、本当にわが攻め打ちが通じたためか。次回の課題。

中島五郎蔵 範士八段（東京）

昭和五十六年七月十六日　夜
全剣連合同稽古会　日本武道館

今夏を迎えて最高の暑い日の稽古となる。

じりじりと間合を詰めて来る先生の立ち合い。われ先手を取られ、先生の打ちを応じて返すも不発。これは気力不足というべきか。先生の上段からの面打ちをわれ引いて打たれたのは、気力不足もさることながら、歴然たる私の力のなさ。ただ一本、先生の出端へ面を出したのが精一杯の内容である。

反省

気力、体力ともにこの暑さのためというのは恥ずかしい。稽古不足、心構えが足りぬ。疲れがどっと出てきた。気迫の足りぬのも体力の無さからである。大反省。

中野八十二 範士九段（東京）

昭和五十六年八月二十日　午後
日体大遠征合宿　札幌円山坂ビスゲート体育館

剣先の強さはわが心に通じてくる。負けじと上から押さえ気味に攻め打たんとするも、跳ね返される感じ。一本打ちの面も防がれ届かず。わが手元うまく下がり返し胴は打たれずに済む。小手〜面も防がれる。攻めの弱さか。面打ちは先生に小手を再三押さえられる。

先生、わが竹刀の上からパンパンと張って間に入られ面打ちを出された。われ、防ぐのがやっと。危なかった。だいぶ時間経過し、われ思い切り大きなかつぎ小手を先生の竹刀すれすれ、並行的に打つ。これがうまく当たる。「参った」の声。われ遠間より面をサッと打つも届かず。小手~面の打ちも同じ。攻め不足、間合の無理が反省点。先生のお元気なお姿が嬉しかった。

佐藤貞雄範士九段(東京)
昭和五十六年九月九日　午前
川崎市消防助教研修会　消防センター

気力旺盛な先生に合わせていただくのは有難く、感謝して立ち合う。「三本！」の合図で始まる。今日もいかに打つか、打たれまいの気を強くして対す。近間に気をつけ、先生の攻め入るを警戒。面の一本打ちを心掛ける。数本決めたと思いしも、先生の変わらぬ態度にわれ未だしと反省。先生のスッと攻め入る気迫。不発の打ちの後、引き際をまた打たれる。これはわが居つき、気の抜けを許さぬ証し。またわれ、中段の構えで中心線より外さぬ剣先は意識できたが、利いていないためか打たれる。反省多し。

先生いわく「今日は剣先がよく効くために、小手が打てなかった」と。

初めてわが剣先少々強かったのかと気がつく。われ、今日は比較的、先生に小手を押さえられなかったことを思い出し、真ん中を攻めつつ打つ大切さは「ここである」と学んだ。

中村伊三郎範士八段(東京)
昭和五十六年九月十七日　夜
全剣連合同稽古会　日本武道館

過日、東西対抗戦前の稽古ではだいぶ打たれた。これを考えてお願いした。

先生の小手打ちの速さ、タイミングが見事で、今夜も早々に、内小手を打たれる。われの剣先が下がるのであろう。出るとき退くとき、剣先が下がるという若い頃からの悪癖が出ている。打とうとするときほどそれが出るのであろう。またわれ引きしとき、先生今度は面を打ち来る。体勢悪しく防ぐのみ。攻撃できず。ここで一転攻撃へ。面、小手〜面。とくに小手〜面の一本は会心の打ちで先生の出端へうまく当たる。よく体も動いた。また先生の打たんの機も遅ればせながら見えた。

一、先生の左足引きつけながらの機が見られた。

二、体がそれとともに前かがみになられるのもわかった。

三、小手を打ち、そのまま面へ打ち来る。大変失礼ながら一足二打ちの打ちと思った。

先生あとでいわく「今日後半の攻め打ちは良い。面は参った、よくやった」と。珍しいお言葉をいただく。

長崎稔範士八段（東京）

昭和五十六年九月十九日　午後
全日本東西対抗前日稽古　徳島県武道館

先生、剣先を上から下からねちねちと押さえ低目から攻め来る気強く、われやや退く気配となる。その攻め、なかなか強いものがある。先生、わが内小手をねらい打つ。われの剣先が下がるからであろう。注意すべし。途中、われ激しくサッと攻め入り面へ。八分通りの打ちで他はあまり通ぜず。また打たれないままで終わる。

佐藤博信教士八段（東京）

昭和五十六年九月十九日　午後
全日本東西対抗前日稽古　徳島県武道館

明日に備え調整稽古。われから挑戦の一戦。われ剣先を少し下げ、下から攻め打たんとするや相手の突きを感ず。われ剣先を押さえて咽喉部位を打たせず。このタイミングすこぶるよし。

打ち気を消して打ちに転ずるも、相手ことごとく応じて直ちに反撃へ変わる。勘の良さが出る。われ危ない場面を再三再四しのぐ。相手の攻め打ち速くなくも間合、機会は正確、大技の面は立派。双方ほとんど有効打につながらず。大物の剣風の一端を垣間見た。大いなる勉強。

甲斐利一 教士八段(大阪)

昭和五十六年九月二十日　午後
第二十七回全日本東西対抗剣道大会　徳島市立体育館

恥ずかしくない試合をと臨んだ。

攻め合う中でわれ力みを少々感ず。相手の圧力も受ける。始めから攻め崩して打つとさだめて大きな面を思い切ったわれ、再三打って出る。やっと一本の有効打で先取。気分的に楽になる。

相手も果敢に打って出る。われ小手を押さえ返し胴と応じるも不充分。続いて相手と体の入れ替わる近間でわれ面打つも駄目。そしてわずか数秒、双方分かれ際、相手にその場で小手を打たれた。(負け惜しみながら、この小手はこぶし)延長戦に入る。しばし攻め合う。われ小手打ちを抜かれ、面をうまく打たれて敗者となる。

反省

一、一本を守り抜けないのは残念。
二、悪癖の小手を打つとは情けない。
三、サッと間に入り面を思い切れ。
四、サッと間に入り誘って胴を返せ(ここが不足)。
五、分かれ際の裏からの小手を警戒、逆に小手を打つ必要あり。
六、攻め打ちの八分通りは納得。

参考

石原忠美先生(岡山)の試合を拝見した。攻撃が鮮やか。遠間から大技の面鋭し。とくに片手突きの正確さは見事なり。相手の打ちを全部押さえ防ぎながらのタイミングよき打ち、剣先の働きなど大いに勉強させられた。立派という他なし。感動する。

佐藤貞雄範士九段(東京)
昭和五十六年十月七日　午前
川崎市消防助教研修会　消防訓練所

今日は三本の声で立ち合う。
最初、思い切り良く、先生の出端へサッと色なく面を打つも、先生のすり上げ面が見事わが頭上に。この迫力と冴えた初太刀に参った。二本目を意識する。遠間からのわが面、上から乗った打ち良く、手応えを感ず。近間で、裏から払いながら打った小手は辛うじて部位へ届くも、先生の気力充実に消され納得されず。逆にだんだん出端を押さえられ、返されたのは残念。
本日は攻めを強くした。打ち数も少々多くなった。しかし時折、返し胴、出端小手などよく打たれる。わが欠点を読まれている。われ得意の小手〜面、面は鮮やかに決まった。先生「参った」の声。無心の技。終始激しい闘志を持った。攻め気の充実の大切さが少々分かったような気がする。無心とはこれなるか、忘れまじ。

教え
「攻めからの面」　剣先の高さ、一息の打ち。相手の振りかぶりの瞬間を打つ。それを説明と実技で示範されたがさすがである。

反省
追い込んだ際の打ち方、相手にわが圧力を知らしめて打つ呼吸が大事。相手に返させない体勢作りをして打つこと肝要なり。

幸野実氏、根岸陸夫氏、小河浄久氏、三宅一氏（神奈川県警察官）

昭和五十六年十月二十七日　夜
県選抜強化稽古会　横浜駅西口友愛武徳殿

活躍されている若手著名剣士。

これらの各氏はみな打たせないで打つコツを知っている。近間においてもよく防ぎ、すぐに反撃する。一本にするまでなるまで許さない気概、攻めからの打ち、その後の処理など、勝負の稽古がよくわかる。

残心、石火の機などなかなか見事で、われの勉強になる。

反省

一、攻め負けない気迫。
二、出端を見逃さず押さえて打つ。
三、始めから受け身にならない。始めにかける気。
四、打ち合いに負けない（少々の手数多きも……）。
五、受けて打つでなく、とっさの受け身を感じ、遅れてもわが剣先を正中線上から外さない。自然の防ぎとなる。

前へ前へ

松和芳郎教士八段(千葉)
昭和五十六年十一月十日　午後
文部省格技講習会認定会　勝浦日本武道館研修センター

本年六月以来のお手合わせをする。
相手スッと間に入るも、誘いとみて動ぜず、打たず。間合を離す。攻め合い二〜三度の後、面へ。充分なり。相手、攻めから小手を打ち、われの反撃の機とみるや、さらに同じく小手打ちを決める(二度打ち)。なかなかうまく、警戒を要すところ。

佐藤清英範士八段(千葉)
昭和五十六年十一月十一日　午後
文部省格技講習会認定会　勝浦日本武道館研修センター

攻め合う。遠間からじりじりと強い剣先。ときに裏から強くわが剣を張る。われ思い切り打ち間に入り面を打つ。再三成功する。また先生の攻め入る小手をとらえる。先生のサッと間に入り来る出端を果敢に打つ。決まらずとも打たれず。攻撃は防禦の効なりか。先生やや苦しいか、片手横面に二本来るはわが目に映じ防ぐ。一本は逆胴へ返す。

佐藤貞雄範士九段(東京)
昭和五十六年十一月十八日
川崎市消防助教研修会　消防犬蔵センター

真ん中を強く攻め、小手〜面を打って出る。素直、力みなし。二、三有効打と思う。返し胴、押さえ小手を警戒しつつも打たれた。こんな考えでの打ち方では無心とは程遠い。相手にとってわが打ちは押さえやすいのではないか。攻め打ちに何かがある。また間合は一考が必要。相手を何かのかたちで崩さないといかぬ。

佐藤貞雄範士九段(東京)

昭和五十六年十一月二十五日　午前
川崎市消防助教研修会　消防犬蔵センター

今日は前週に比して気力大なるを感ず。わが正面打ちは許されず、返し面、胴、押さえ小手とだいぶ打たれる。先生その返し技は鮮やか。また先生の剣先の攻め、わが突き部へサッと突きつける。われ動じて手元が少々上がる、そして小手を打たれた。動ぜず上から先生の剣先を押さえるべしと反省。次回は剣先を離さない、押さえる、攻め返す、をすべし。

教え

「攻めながら打つ」　剣先の触れ合いから攻め打つ（一足一刀の間）。徹底的に相互に打ち合う。足幅の注意。遠間、一足一刀、近間と振りかぶりの右こぶしの位置は同じではない。気剣体一致を厳しく。

中倉清範士九段(東京)

昭和五十六年十二月十日　夜
全剣連合同稽古会　日本武道館

先生の入り来る気迫は猛烈な闘志。むしり取るが如く、左足前の小手や胴打ち、何本となく決められる。左足前は変則的と思うが、アッと意表をつかれる。また右手、左手構わずの片手面と、一足一刀の間合に入るや否やの豪快なる面、小手～面と、打ち負け。散々悩まされる。われ、先生のかつぎ気味の端へ剣先をつけること数回あるも次の打ち技なし、残念。この夜、いかにしたことか。

疲労感は少なし。

反省

一、攻め負け、打ち負けは駄目。気迫の大不足。

二、遠間から常に強く攻めて面、小手～面と打って出る。

三、剣先を外すな。とくに変則打ちのときは遅れても打って出ることが大切。案外打たれないで済むかも……。

四、心が先生の動きに揺れ動く。呼吸が上ずるから か……。

大久保和政 教士八段（埼玉）

昭和五十六年十二月十日　夜

全剣連合同稽古会　日本武道館

立ち上がりわれ攻めて、小手打ちを防ぎ、面を打つ。われ攻め返す端へ面をどんどんと続けざまに打たれ、腑甲斐なく再三決められる。やりとりの中で反省したことは、攻めてじっと我慢し、機をみて小手をねらえば成功するということ。また剣先鋭く小手～面と思い切る打ちも良し。慎重になりすぎ、大胆さが不足。

秦具視 教士八段（東京）

山渋保雄 教士七段（岡山）

昭和五十六年十二月十日　夜

全剣連合同稽古会　日本武道館

両先生、小柄なれど姿勢、構え、態度など立派で打突もなかなかしっかりした剣士と拝見する。われ、上から攻めて剣先を殺し、面、小手～面打ち成功。また返し胴も通じた。両者とも同じ剣風で、小手～面でわれよく打たれる。さらに秦先生のすり上げも良く、当方不用意なる打ちを出し打たれた場面あり。反省する。この他かつぎ小手も少ない打ちだったが、充分通じた。間合が近く下から攻められるが、われは大きいほうであるから上から上からと攻め乗り打ちはやりやすかった。

佐藤貞雄範士九段（東京）

昭和五十六年十二月十六日　午前
川崎市消防助教研修会　消防犬蔵センター

われの馬力まかせ、早打ちだけの小手～面などでは通じない。小手打ちは打った後、間を一寸置く、あと面へ渡ると良い。この呼吸とタイミングが大切。当たる場面もあった。先生、受けからの押さえ小手、返し胴がとくにうまく、われ打たれる。先生の呼吸とタイミングのよさが光る。攻め打つ理の必要を強く心した。仕掛け応じ技は、すべて攻めに徹する心を基本としなければならない。

教え

「切り返しの受け方」　受け方は打ち方に対して負けていては駄目。ただ手先ばかりでなく足も一足一足しっかり使って受けること。受けたらすぐ返す心がこれまた一段と大切である。段が上がり、年が上になると、だんだん駄目になるので、受け方はしっかり足を使うこと。

倉澤訓話（十月十七日）（十月二十一日）

一、気力　試合でも日頃の稽古でも、気力の占めるところが大である。技能をカバーする気力は、豊富なる稽古量と相まって勝負の場面で欠くべからざるものである。気で攻め技につなげるわけである。剣先に現われる現われないは別として、満々たる気力は一瞬のしかけ、応じ技となる。

二、攻防一致、懸待一致、懸中待、待中懸という教えがある。いつでもいかなるところ（場面）でも、この対応（動作）ができずば、後手に回って打ち込まれる。攻撃は防禦、受けのみでは勝つのは不可能だ。立ち合いは常にこれの一致だ。

滝澤光三範士八段（神奈川）

昭和五十六年十二月十九日　夜
滝澤道場土曜稽古　思斉館滝澤道場

しばらく間の空いたお願いとなる。攻め合い、われ上側から攻め入らんとの一瞬、先生サッと間に入り打ち来るを、われ引いて間を取る。逆に攻め返し、面を打って出るも防がれる。再び剣先の攻めとなり、面を打って出るも防がれる。再び剣先の攻めとなり、再三繰り返す。悠々と攻め打ちしている余裕なんてないぞと心を引き締め、「先」をねらう。積極性でいく。われ間に入り、サッと先生の面を打つも外れ、肩へ落ちる。惜しき一本なり。とそのとき、近間から先生の逆襲あり。連続二本打ちの面はわが居つきをとらえ、ハッとしたときはすでに遅し。先生近間での打ち、目の肥えている証し。口惜しきなり。われ遅ればせながら続けざまにかつぎ小手を決めたが、時すでに遅し。初太刀を取られ遺憾。

反省

一、間合を詰める攻めの強さ不足。しかるのちに小手だ、面だ、小手～面だと打たねばならぬ。
二、恐がらず攻める、攻める。間合を詰めて打ちを出せ。
三、引くな引くな、前へ前へ出て打て。

七、気が抜けるのは呼吸法と関係深し――（昭和五十七年）

出る気が防ぎとなる

阿部忍範士八段（東京）
昭和五十七年一月一日　午前
新年初稽古会　大学道場

　互いに手の内がわかっているので警戒しながら立ち合う。しばし攻め合う。先生常より積極性あり。先の稽古を心掛けているのか。小手～面と仕掛けられる。われ心得て、その小手のとき、つと前へ出れば打たれず。続いて面のときは防ぎから返し胴へ。また先生の出端への小手は打てば当たる。先生の小手も面も打ちは少々かつぎ気味、こここを防ぎと考え、引いたり呆然と見ると次の面で打たれる。退くな出ろ、恐れるなのところ。われからの打ちは、出小手を警戒して先生の出端を打つことが大切。先生の稽古は積極的な内容であるから、先手を取られやすい。躊躇すると必ず打たれる。

長堀久五郎教士八段（東京）
昭和五十七年一月十五日　午後
新年初稽古会　東京建武館

　初めての対戦。短い時間、われは手数少なし。相手、小手、小手～面と軽快な足で打ち来るもわれ上から竹刀を押さえ防ぐ。再三仕掛けて来るもその都度同じ。大きく出端面を決める。相手がよく見え、手の内も柔らかく、心も平常心の一戦。

大塚七蔵教士八段（東京）

昭和五十七年一月十五日　午後

新年初稽古会　東京建武館

攻め合う。われ、じりじりと間合を詰め相手を圧す。大きくパーンとした面二本はよく決まった。小手～面も手応え充分。相手が引くので打ちがスムーズに出る。また相手の打ちに、わが剣先が中心を取り胸にたびたび当たり打たれず。退かずにできたのは心の動き平常と変わらなかったから。

関根日吉範士八段（東京）

昭和五十七年一月十九日　夜

全剣連合同稽古会　日本武道館

立ち上がり、間もなく先生得意のかつぎ小手に呆然、手元を上げさせられる。うまい初太刀を取られた。初太刀を取らんという先生の積極性、激しい気迫を見る。次、わが小手打ちもうまく外され、片手横面うまく叩かれ、完敗だった。

気を取り直し、しばし打ち攻め合うも双方なかなか決まらず数分過ぎる。慣れもあり、後半以降、われ力みなく真っ直ぐ攻め、小手～面に行けば手応えあり。会釈の先生、余裕あり。またクリンチ気味からサッと小手もよく当たる。終わり近く先生の片手面を逆胴に返すも不充分。われも片手面を放つが防がれる。気迫不足か。

反省

若い青年時代、片手面は見よう見真似でたまに打ったが、長い間とくに近年は打たなかったのに。あとになり心貧しい立ち合いをしたのが残念至極。先生に大失礼をしたようで心残りである。

佐藤貞雄範士九段（東京）
昭和五十七年一月二十日　午前
川崎市消防助教研修会　消防センター

本年度初めてのお手合わせ。始めに全体へ、本年の目標は「足」に重点を置くとの内容でご挨拶があった。常にわが課題の先生。近間での返し胴と、ハッと息を呑む間の面。勉強不足をつかれた思い。われ、始めは先生の出端を積極的に打つ。かつぎ小手も先生の竹刀の上から一本決めた。先生「良し」の声。先生を近間に入らせないこと。その端への打突がうまくできないのが反省の大きなところ。

山内富雄範士八段（東京）
昭和五十七年一月二十四日　朝
日体大寒稽古　大学道場

一年ぶりのお手合わせ。剣先の争いも強く、先生打たせない。返し技が厳しいので容易でない攻めとなったが、双方しばらく決定打に至らず。打ち間での正面打ち、われ有利と思ったが決定打とはならず。次、近間での先生の片手突きを外した。わが面は決まる。今日はこれ一本のみ、情けなし。逆に先生の攻めからの小手～面で見事に面を割られる。ここの出端を打つようでないといけない。後の技、心の張り不足が露呈したのはいただけない。今日はあまり気張らず。打たれず打たずは心の動揺がやや少なかったためではないかとうぬぼれる。

小森園正雄範士八段（大阪）
昭和五十七年一月二十六日　朝
日体大寒稽古　大学道場

前回立ち上がりから攻められ、面、小手と続けざまに打たれたことを思い出す。今朝はまず、引かず攻め負けるな、を念頭に置き気力を充実させる。来たらば来たれ、淡々たる気持ちは打ち合いにも現われたようだ。
わが攻め、小手〜面は通ぜず。分かれ際に足が思うように送れず、再三面を打たれる。出小手はわれながら驚くほどスムーズに打てる。前へ、の気が良かった。「今朝はよく出られたね」の一言、有難し。

反省

引き際はあぶない。打たれるを覚悟して開き直れ。逆に出る気が防ぎとなる。

千葉徳晃教士八段(北海道)

昭和五十七年一月二十九日　朝
日本大寒稽古　大学道場

日本大の先輩、しかも遠くからお見えになり感激の立ち合い。先輩の攻め少し低く、わが手元の下からの感じはなかなか強い。容易には打てず、機をうかがう。われ、小手を警戒しつつ思い切り仕掛ける。面、小手〜面と打って出ると手応え良し。先輩の小手〜面、面は少々失礼ながら右踏み込みがスリ足気味で届かず助かる。われ、先輩へ遠慮なく、打たれてもともとで懸かれた。気の強い剣風であった。

岡田茂正範士八段(東京)

昭和五十七年一月二十九日　朝
日本大寒稽古　大学道場

少しく間が近いと感じつつも、淡々と剣を合わせ攻め合いができた。わが面は先生の出端をねらったものだが、先生の剣先、わが咽喉部にあり不発多し。割って打つ工夫がなくば通ぜずと思い残念だった。先生の攻めからの一本打ちの面は意外にわかり、防ぐことができた。また応じながら退いて面は当たるも、これは当たったから良いのではなく、すり上げでも切り落としでも前へ出て打つが大切と反省。攻撃の小手~面打ちも打ち数多く乱雑、機会など無視して理なしと反省。攻め崩し、追い込んだ打ちが大切だ。

中野八十二範士九段(東京)

昭和五十七年一月三十一日　朝
日体大寒稽古　大学道場

わが剣通ぜず完敗。

先生の攻め強く、わが剣先ほとんど押さえられる。間に入られまいとずるずる下がる。打つ気なく防ぐ一方。残念。わが剣は打てずに止まる。学生や他の人には打てるのに先生にはすべて打てぬとはいかがしたことか。心技の差多し。貫禄違いともいえる。もどかしさを強く感じる。われ裏から攻め上げた面が一本届いたが、あの攻め、あの打ちは本物か。また剣を押さえ打ち来る先生の小手~面は、われ引いて小手を押さえたが、これはその場でもビシーと打てなければ駄目。われ面打つも先生にうまく防がれ面を打たれる。近間では返し胴を打たれる。散々たるはまことに残念。

反省

一、そんなに恐れず、われも先生に負けずに剣先を押さえることをなぜしなかった。

二、どうせ打たれるなら遠間から思い切ったらよかった。

なぜこうも簡単に手元が上がるのか

佐藤貞雄範士九段（東京）
昭和五十七年二月十日　午前
川崎市消防助教研修会　防災犬蔵センター

気を張る対戦とは名ばかりの内容である。

先生にはどうも近間になられるので、この入りのときを攻め打ちにつなげないといけないが、気持ちと体がばらばら。実におかしい。一つ打った後、近間（鍔ぜり合いに近し）で先生に振りかぶりながらの胴を打たれる。わが手元、なぜこうも簡単に上がるのか、大きな研究課題と肝に銘ず。あの場面を作らないで打つことだ。私の面がときに当たるも、あの近間では当たり前。先生は小柄、われは大柄、有利なはずなのだから。

反省

気を張るのは構えたときや打つときだけでない。常に心しているはず。それが抜けるのは呼吸法と関係深し。勉強不足を感ず。いまごろ気がつくのは遅い。やり直しが必要と痛感す。

小川忠太郎範士九段（東京）
昭和五十七年二月十五日　夜
全剣連合同稽古会　日本武道館

昨年四月以来久々のお願いである。

今夜は先生に先を打たれまいとわれより攻め、先を取る稽古に終始した。しかし先生防ぐのに両手を上げながらも前へ。われ面と打っても通ぜず。このとき小手をなぜ打てないか。攻め負けているからか。それにしても八十一歳でなお出ようとする意志、気力の強さには驚嘆する。打った打たれたではないと……。

吉田一郎教士八段（茨城）
昭和五十七年三月八日　夜
全剣連合同稽古会　日本武道館

今夜は参集の剣士多数、雰囲気は盛り上がった中で始まる。初めてのお手合わせ。小柄な方なるも構え、攻め、打ちなどオーソドックスで好感を持つ。

大野操一郎範士九段（東京）
昭和五十七年三月八日　夜
全剣連合同稽古会　日本武道館

ご病気かおけがか不明なるも、治られてなかなかお元気、一安心で立ち合う。わが小手～面、面に対し、防ぎから得意の返し胴、近間での小手打ちなど、まだまだ許さんぞとご健在ぶりで打たれる。途中、わが打ちを防がれ、反撃の打ちに先生少々かついでくるその小手を打つ。失礼ながら、お足がかなり悪そう。また攻め、打ちなどに気迫が劣えられたと感じる場面も。終わって挨拶のとき「君は元気だ、参った」といわれ、複雑な心境となる。

玉利嘉章範士九段（東京）
昭和五十七年三月八日　夜
全剣連合同稽古会　日本武道館

だいぶ長い間願わず。お元気になられ何よりと立ち合う。竹刀さばき攻めは表、裏からわが剣先を押さえ、間に入り来る。しかし打たれるのか、打たずかは全く不明（先生に打ちの気配はあまりない）。われ攻め負けじと小手を打ち面へ、また一本打ちの面と思い切るも先生の剣先、常にわが咽喉にあり、不発を繰り返す。

反省

一、わが打ち、先生の剣先を外さないと当たらぬ。乗る、割る、払う、押さえるなど工夫。

二、攻め合う、攻め返す、打たずともこれが大切か……。

三、先生いつも容易に打たぬまま終わるが、もしや打ちに出られたらわが剣は応じられるか疑問。

四、今夜は「打ち過ぎる」のお言葉なし。

加藤万寿一 範士八段（愛知）

昭和五十七年三月二十日　午後

明治村大会前日稽古　犬山市体育館

腰を痛め完治されていないと漏れ聞くも、立ち合っていただく。

立ち上がり静か、心なし攻めも圧するはなし。われスウッと間を詰め、斜めかつぎ小手は、ポカッと決まる。全く打とうとかの気なく、自身でも驚いた打ち。その後、小手～面、面などの打ち、体力まかせで理あらず。反省した。逆に先生より小手～面、見事に面をいただき、参った。先生小柄なるも足はもともと軽快、わたりの打ちは上手。そのうえわが構えは上から乗られやすい。気力とここを再度反省。

甲斐利一 教士八段（大阪）

昭和五十七年三月二十一日

第六回明治村剣道大会　無声堂

立ち合い、勝とう打とうの気少なく、リラックスした攻めができる。先の打ちは、われ小手～面は体が乗り面は決まった。スムーズに打てる。有効打にならず残念なるも、納得のいく打ち。次の打ちは、相手、近間でわが面を打つ。打ち合って後、われの気が抜けた一瞬の場面に面を決められる。二本目、相手剣先の下げるをわれ内小手に打って出るも有効打にならず。続く相手の面が決まって敗退する。一、二本ともにわずかな打突後の気のゆるみと思う。また技の尽きたあとの居つきか、いずれもわが未熟さである。心持ちはかなりリラックスして臨めた。それは良しとしても、攻め切る打ち切る気力が不足したのではどうしようもない。

反省

負けた口惜しさを年のゆえにする気は毛頭ないが、遠間からの踏み込み、跳び込みに少し抵抗を感じた。今後の修行の目途を考えることが大切か。

小室進範士八段(埼玉)

昭和五十七年三月二十三日　午前

日体大遠征合宿　埼玉県武道館

先生、昨春範士昇格後初めてのお願い。先生、間合も何もなきが如く、どんどん詰めて出られる。しかし打ち間充分でも打たれぬ。われこらえきれず面、小手~面と打って出る。しばし防がれるが返し技なし。最後に先生かつぎ気味にわが面へ打ち来るも、防ぎ返して小手へ。これで終わったが疑問多き一戦。

反省

一、間の取り合う厳しさなきは遺憾。

二、ただ前へ前へのときは突きをなすべきと、あとで気づくのろまさ。

三、わが心境情けなし。

中野八十二範士九段(東京)

昭和五十七年三月三十日　午後

日体大剣友会稽古会　大学道場

久方ぶりのお願い。例により攻め合う。先生時折裏、表より張り、じりじりと間に詰め入る。われ先をかける機をしばしうかがう。強い圧力を感じたが不思議と焦りなく、気の張り充分、ある程度納得いく。わが思い切った面は、苦しまぎれでなく、先生が竹刀を押さえた瞬間、割って打てる。手応えは初めてというほどの感触あり、気を良くする。今までのような無理な打ち、誘いに乗る打ちではない。虚実の問題かと思う。先生の押さえは虚と思ったのが収穫の一番。乗るとか虚とかは紙一重か。

反省

終わり頃、少々無理な面打ちに出て、すり上げ面を打たれた。打つ機の我慢不足。

長崎稔範士八段（東京）

昭和五十七年四月二十一日　夜

全剣連合同稽古会　日本武道館

先生の構えと攻めは低く、内小手が打てそうで打てない。間を詰めながら打ち気を感じ、われ小手～面にいくも効なくさばかれる。打たされたのではないか。誘いに乗ったというべきか。鍔ぜり合いから手を返しての先生の面打ちはしつこく、たびたびわが面金へ当たる。決まるまで許さない気力と軟らかい手首の返しは、大いに学ぶべき。わが遠間からの面はうまく胴へ返される。詰めの甘さがあった。近間からの一本打ちは不充分。先生の引き際に面が決まったが、情けない打ちだ。

山渋保雄教士七段（岡山）

川村忠雄教士七段（静岡）

昭和五十七年四月二十一日　夜

全剣連合同稽古会　日本武道館

遠路ご精進ご苦労さまと敬意を表しお手合わせ。山渋先生とは二回目、前回を忘れず上から上から攻め立てると、これが良い。打たれないで打つことが可能。

川村先生もきびきびした剣さばきだが、この方へも攻めは上から上から攻めて打てた。

ご両者には、思い切りの良い出端面を一本ずつ打たれたが、くせのない打ちに好感を持った。

阿部忍範士八段（東京）
昭和五十七年五月一日　午前
日体大稽古　大学道場

京都大会入りの調整ともいえる稽古会。じっと剣先を合わせ攻め合う。先生例の先を仕掛けて来る。小手〜面、われ小手を防ぎ、少々退きながら面を防ぐ。返し胴タイミングよく再度決まる。われ、先生の剣先を押さえ面を打つも、小手を押さえられる。先生少しかつぎ気味、手元の上がりが目に映じ、われこれを小手に押さえる。今日は相手の動き、よく目に入るが、先をかける攻め打ちは不足、気の問題で反省した。

分かれ際の気の張りに注意

上村篤範士八段（熊本）
昭和五十七年五月四日　朝
京都大会朝稽古　武徳殿

滝澤先生の修道学院後輩。なかなか熱心な方でかなりの使い手と聞き及ぶ。少しく慎重になる。先生つかつかとわが間に入り来るを少し退きながらも、思い切りよく面を、小手～面をと出端へ打って出る。これは意外に手応えよく決まる。先生は近くの間で打つ稽古と思われた。われは退くを止め、そのまま出端を打つのが本物だ。また打ち気が多く手数も多く、もっと先生との攻め合いが必要と反省。

吉原晋 教士八段（千葉）

昭和五十七年五月六日　午後
第三十回京都大会立合　武徳殿

両者範士推薦をかけた如き一戦なるも、われあまり意識せず、良い試合をと心掛ける。とくに小手の一本打ちは出すまいと思う。勝負にこだわることを避けたかった。

しばし剣先の争い、相手打たんとの気配ほとんど見えず。われかつぎ小手から面をねらうが、相手サッと間を切り不発。分かれて気争いしばし。緊張気味、相手「しびれ」を切らしてか、かつぎ小手からわが面へ。われ攻め負けず目に映じ、その出端へ小手が決まる。面を打つつもりが遅れたためか、少々不満。その後、われの小手～面、小手を打つと見るや相手またもや間を取るを、構わず面へいく。手応えあれど一本とならず。われ遠間より思い切り鋭く攻め入って誘うが相手動かず、止むなくかつぎ小手を放つと大きく決まる。

勝負の厳しさ。相手に対していうにいわれぬ心情を強く味わう。われ、この後範士に昇格。幸いなれども、いよいよこれからが厳しいぞと決意を新たにする。

佐藤貞雄 範士九段（東京）

昭和五十七年五月十二日　午前
川崎市消防助教研修会　消防犬蔵センター

例年に比し暑い日であった。攻め合う。先生の打ち気察せられず。機をうかがう。打ち間とおぼし、われ反射的に大技で面を打ち手応えあり。しかし先生無視。かえって近間から鋭い面、胴を打ち来る。確かにわれへの面、胴は当たれども、先はわれにありと自負す。後、幾度かこんなやりとりがあった。終わり近く、われの思い切ったかつぎ小手は決まったと思う。先生「参った」の声。

反省

一、気力の充実。一寸でも気のない面打ちは必ずというほど押さえ小手を決められる。

二、虚への打ち。小手を打ち少し間を置き面へ、これは決まる。先生の虚ではないか。失礼ながら考えられるようになる。

教え

相手の出よう、打とうという機は、中心を外さず剣先を咽喉部へ。相手止まる端への打ちは良い機会の捉え方。

中倉清範士九段(東京)

昭和五十七年六月七日　夜
全剣連合同稽古会　日本武道館

立ち合い間もなく、われ遠間から思い切った正面打ち、しかも続いて三本、わずかに短い感じながらもこれが届き、今夜は打てるぞと思う。しかし片手横面は奇麗に打たれる。続く片手突きも不意をつかれた。何もなすすべなく参る。胴も、かつがれての小手も、近間に攻められてだいぶ打たれた。

われ、先生の出んとする端へ、果敢に小手を打つとこれはうまく決まる。積極的に先をねらって打つことが大切か。気の張りつめた稽古は有難かった。迷いもあったが、守りになってはいけない。どうせ打たれるなら打たれる前に出て打て。それで打たれても惜しくない。それにしても先生、変わりなき旺盛な気力の立ち合いだ。気の大切さを強くした。

楠元忠雄教士八段(鹿児島)

昭和五十七年七月二日　午前六時
鹿児島朝稽古　鹿児島県武道館

初めてお稽古いただく。われ、修学旅行で当地へ泊まる。後輩の児嶋克氏の送り迎えで参加。同輩、生徒には内緒。少々うしろめたさもあったが道場に立てば影響なし。先生の攻め、面打ちは思ったよりゆったりで円を描くような打ちは大きい。これを何回となく打ち来るも、わが面金へ当たっても弱く先端の感じ。思い切りよい打ちは良しとするも、何かひとつ足りない思い。われ、返し技で応じ、積極性不足。面、小手~面は手数も足りず。双方いまひとつ迫力の欠けし一戦。

他多くの剣士と交戦するが、いずれも求めての朝稽古、積極的に立ち合う姿は好感が持てた。末野栄二氏など若手も多く楽しい。児嶋氏とも思い切り打ち合う時間なく、生徒の身など心配で途中退席する。

小川忠太郎範士九段(東京)

昭和五十七年七月八日　夜
全剣連合同稽古会　日本武道館

先生はいつでも待つが如き立ち合いはなく、攻め打ちに徹せられた剣風である。われ、引かず逃げず、気当たり強く面を打ち小手を打って手応えありとするも、はじけるが如き打ちか先生の心を打った打ちか、反省大なり。積極的に先をかける稽古を心掛けるべきである。この大先生に先をかけられたら恥と頑張る。

佐藤貞雄 範士九段（東京）

昭和五十七年七月十四日　午前
川崎市消防助教研修会　犬蔵センター

今までの立ち合いを反省し、思い切りのある稽古を心掛けた。機をうかがう。剣先あまり動かさず、先生の攻め入る機を逃さず余さず、われ遠間より正面打ちへ。続く小手の攻撃も手応え強し、先生一寸ご自分の手元へ目を移すほど。しかし先生、近間（鍔ぜり合いに近い）での引き際、面と見せてその場での小手、胴など切れ味良く打たれる。わが一瞬の虚をつく打ちである。ここをしのげるのはいつか。歯痒く思う。

反省

一、わが弱点多し。近間分かれ際の気の張りに注意。

二、間合も近間での防ぎ、遠間の攻撃を主とすべし。

小中澤辰男 範士八段（神奈川）

昭和五十七年七月十七日　夜
久里浜剣士会十周年大会　久里浜中学校

われ範士昇格後における久しぶりの稽古。

攻め合うも、わが剣先静を保ってあまり動かず。先生の間に入り来るを上から押さえ気味、逆らわず、打つ機会をうかがう。われパァンと面を打つ。先生悠々と胴に返す。再度同じ経過をたどることになったのは、間が足りないか、遅いのか、打たされているのか。苦しまぎれで、かつぎ小手から面へ、これは手応えあり。一本打ちは通ぜず。二段打ちのみでは情けない。

反省

立ち合いは気負いなく、淡々たるは先生から攻め立てられなかったからであろう。豪快な一本打ちの面をなんとかして打てなかったのか残念であった。次回へ持ち越す。

ここその機、打たねば駄目

木戸高保範士八段（京都）
昭和五十七年八月二十七日　午前
日体大遠征合宿　京都府警察学校

暑さの強い日なれどじっくりとお願いする。

剣先わずかに下に構え、攻め上げて小手を打つ。また遠間から面を打つ。これなどは再三決まったと思う。さらに先生を、わが手元に入れぬよう剣先で押さえ、咽喉部へつける。これは概ね成功する。先生近間とみるやパンパンと面、小手を打つもこれはよく防ぐ。しかし手を返し、わが右面へたびたびうまく決められる。先生ぐいぐい休みなきよう詰め来て打つ。少々特異な剣の使い手と拝見。攻撃は防禦ということか。

井上晋一 教士八段（京都）
昭和五十七年八月二十七日　午前
日体大遠征合宿　京都府警察学校

かつぎ技のうまい人。今日もほとんどこれで打ち来る。われ、心得たり。始めからうまく防げる。剣先を相手咽喉部へつける。相手止まるとみるや小手〜面、小手、面へ攻勢をかける。しばしば決まった。近間ではわが小手、胴、面に相手のチョンチョンとする感じの速い打ちが当たる。われ、あまり動かず、最後は大きく振りかぶり一気に面を打ち割る。手応えあり。先生、足をよく使ってかつぎからの面を出されるが、今日は幸い有効打につながらず。

熊丸治 教士八段（福岡）

昭和五十七年九月十四日　夜
全剣連合同稽古会　日本武道館

竹刀さばきがなかなかスムーズな難剣士で、前回を思い出す。

始め双方慎重、われスッと間に入り面を攻めるも防ぎ、小手～面と打っても同じく通ぜず。二度三度と相手腕をのばしながら間を詰める。われ間を取り誘いに乗らず。次、われ引くを見てか、かつぎの面を打ち来る。われ心得て胴に返すも充分ならず。相手の面打ち、わが面にかかるも不充分。終わり頃、相手の出んとする端へ諸手突きは機会良く、手応えあり。さらに激しく攻め、小手～面と打てば、面は決定打となる。

反省

一、ここぞの機、打たねば駄目。

二、前へ前へ攻め立てると相手引き技なし。相手の欠点を見つけるのが遅し。

三、先を恐れず前へ攻めたが、まだ消極的だった。

阿部三郎 範士八段（東京）

昭和五十七年九月十四日　夜
全剣連合同稽古会　日本武道館

攻め、打ちともにあまりなく拍子抜けで、われ思わず同調気味に気をゆるめてしまう。それが欠点となった。わが攻め打たんとすれば剣先が下がり、ここを先生にねらわれて内小手を決められる。わが剣先下がるは、先生間に入り来るをこれに乗ろうとして下がるため。下がり気味の端を叩かれたと後で反省強し。その後、われ攻めて小手～面と打てば面が当たる。すぐ打って出る連続技が必要といえる。

先生、わが攻め打つ面を応じ返す。その技は機会よく、しかも正確でよく留意すべきと思う。

反省

何かわからぬが、先生に余裕を持たせているのではないか。返し技の勉強要す。

佐藤貞雄範士九段（東京）

昭和五十七年九月二十九日　午前

川崎市消防助教研修会　消防犬蔵センター

何をさておいても初太刀をと念じて立ち合う。正面打ちと小手〜面打ちは、ともに手応え充分。心身ともに充実した内容であったと自負する。前と違ったこの調子は何か。次へつなげなければならない。

佐藤貞雄範士九段（東京）

昭和五十七年十月六日　午前

川崎市消防助教研修会　消防犬蔵センター

気を良くした前回を顧み、気力充分に初太刀をねらう。近間に入られ、わが面打ち先生の肩へ流れ、小手打ちもまた防がれる。いかがしたことか。逆に面打ちを返し胴に打たれ、離れ際も大きく振りかぶっての胴を再三打たれる。われ、遠間からの正面打ちは決めたが、たった一本のみとは情けなし。小手〜面も当たらず、どうしたことか、今日の立ち合いには疑問多し。なお先生後半、珍しくも上段に構える。往年の名手に接して有難かった。

上段からの面、わが攻めんとする一瞬をアッという間もなく続けて打ちたり。われ、なすすべなし。情けない。間合近く、その後、小手をねらうもなぜか打てず。やむなく珍しく片手突きを出し、ようやくにして決める。また先生返しの逆胴打ち、応じて先生の右半面を打てたが、これは打たせてもらったようなもの。攻め打ちなどできず。上段とのやりとり不足と稽古の機会のなさであろうか。

腑甲斐なさも極まるような今日の立ち合い。残念至極。

楢崎正彦範士八段(埼玉)

昭和五十七年十一月七日　午後
埼玉県剣道祭　埼玉県武道館

相手剣先を利かせ、打たん気迫充分だった。われ比較的平静を失うことなく対戦す。攻めから小手打つと先の当たり無心の如し。気分的に楽になる。相手小手~面と打ち来るが、うまくさばいて不発とする。双方激しく攻め合う。われ、相手出端大きく面に出るも、相手の剣先わが胸部を押さえる。再三、この場面あり。かつぎ小手から面にいくも不十分。あとで他剣士に内容は相手を圧していたと聞く。われは互角の立ち合いだと。後味清々し。

宮地誠教士八段(東京)

昭和五十七年十一月十日　夜
全剣連合同稽古会　日本武道館

われ竹刀剣先にて裏表より攻め、打ちを積極的にと心掛ける。相手少々押され、あまり打ちに来たらず。われ機と見て内小手を決めつつ面にのびる。手応えあり。相手これにてまたまたひるむ。攻めが大切と覚ゆ。相手苦しまぎれ、突きから面に打って出るも、われなんなくいなし得たるは攻めのため。終始圧して追い込む場面あり。

佐藤清英範士八段(千葉)

昭和五十七年十一月十六日　夕
文部省中高教員格技講習会
日本武道館勝浦研修センター

剣先の攻め合い、先生裏からしきりにわが竹刀を張る。強く払われそうな勢い。われ小手打つも先生瞬時に防ぎながら面に乗り来るは要注意。われ攻め打ちあぐむも、小手を攻めてからの正面打ちはよく決まる。先生の打ちにも防ぎから攻勢に体が動くことができた。先生から先の打ち少しもなきはいかに。

あくまで攻勢を保つこと。

松和芳郎 教士八段(千葉)
昭和五十七年十一月十八日　夕
文部省中高教員格技講習会
日本武道館勝浦研修センター

サッと間に入り込んでの小手打ちは速いが、われ剣先を中心より外さず、動揺せずに対する。相手、決まるまでという如く何回となく打ち続ける。われ反撃すれど相手小手~面をよく防ぎ、われ失敗を続ける。遠間から攻めての正面打ちに切り換えると、意外に手応えあり。いつでも打てるという心境は反省。受けた立ち合いはよろしくない。

ほっとして気分抜けるは悪癖

園田政治教士八段（大阪）
昭和五十七年十一月二十日　午後
全日本八段戦前日稽古　福岡県武道館

相手、なりふり構わぬ如き打ちはやや姿勢を崩すと見る。わが打ちにも、腕を上げ、大きく胴を空けて防ぐ。なかなか打たせぬさばき。返しは速く、面へ胴へと逆襲多し。厳しい立ち合いである。われ、とっさに突きで攻め、右胴を決める。面打ちは間合少々近く、大きな振りかぶりで決まった。勝負勘のうまい方である。拍子など少々異なる。対応をあやまると打たれるという印象が強い。

児嶋克教士八段（鹿児島）
昭和五十七年十一月二十日　午後
全日本八段戦前日稽古　福岡県武道館

明日の試合をひかえ調整的な手合わせのようだった。双方、手の内はあまり明かさず、気勢も盛り上がらない。相手、その場辺りでポンと小手を打ち、わが出るを見て面を合わす。応じ胴、抜き胴、ときに出小手となかなか技があり要警戒。われは遠間からの面、小手〜面と攻め崩しの打ちに終始。決定打なしで終わる。

原田源次教士八段（岩手）
昭和五十七年十一月二十日　午後
全日本八段戦前日稽古　福岡県武道館

張り合った攻めなるも何か本格的でない。われ剣先をグッと下げ相手の気を見る。相手我慢し切れず二度三度と「執拗」にわが小手を打つ。われもその相手の小手をねらって相打ちとなる。その相打ち後ただちに面を打つ。決まり上々。正面打ちも剣先を押さえ気味にパンと乗って手応えあり。

村山慶佑教士八段（兵庫）
昭和五十七年十一月二十日　午後
全日本八段戦前日稽古　福岡県武道館

始まって間もなくスッとした真っ直ぐな小手〜面を決める。われ、ややほっとして気分が抜ける。これが悪癖と反省。相手、攻め、打ちともに積極的で鋭い。機敏な足もよく、面を打たれる。けれん味のない使い手、好剣士である。

相手、一本打ちの面は少々かつぎ気味と感じ、そこを打つと出小手となる。われ、面打ちに転ずる。応じ返しもなかなかうまい。

柴田節雄教士八段（北海道）
昭和五十七年十一月二十日　午後
全日本八段戦前日稽古　福岡県武道館

強く攻め合う。しばし機をうかがう。相手我慢し得ず、攻めから鋭く小手を打つ。われこれを押さえながら防ぐも反撃までには至らず。相手の小手打ちは幾回か。他の打ちをほとんど無視するが如くである。われもときに小手を打つも決まらず。このやりとり、稽古が終わるまで続く。われ思い切り悪く面へ出られず。小手を警戒した結果であろうか。

谷口安則範士八段（福岡）

昭和五十七年十一月二十一日　午前
全日本剣道八段選抜優勝大会　福岡市民体育館

一回戦

激しく攻め合う。打ちをうかがう。双方なかなか打ち出せない。わが小手打ちに先生構えも崩さず不発となる。先生面打ちに来るも、われよく見えて防ぐ。返し技から反撃に出られず心残り。先生激しい攻めから小手、面を再三打ち来るも、われ防ぐ。われも攻めから小手～面打つ。先生顔を横にし態勢をかなり崩すが打たせず。ライン際へ追い込むも決められず。先生少し近間から強引な諸手突きを放つ。われこれを上から外す。近間、引き際のわが諸手突きは外される。

だいぶ時間経過する。打ち合い後、引き際に相手の小手がパッと冴えて決められ、終わる。

反省

一、恐れず（小手が恐い）遠間から正面、小手～面を打つべきだったのではないか。
二、慎重さゆえか思い切った技につながらず、打たなかったのは残念。

佐藤貞雄範士九段（東京）

昭和五十七年十一月二十四日　午前
川崎市消防助教研修会　防災犬蔵センター

近間での攻め合いは珍しい。われ、思い切りよく正面打ちへいき、決まったかと思うほど。先生得意の応じ技、わが面、小手、胴ともに防がれる。われ、攻めからの小手～面はほとんど打てず。面は一本打ちのみ。打とう打とうの気は少なく比較的スムーズに攻撃できる状態。先生の気迫は変わらず。それは驚くほど。

岡田茂正 範士八段（東京）

昭和五十七年十二月十九日　午前
滝澤道場ヨーロッパ遠征打ち合わせ会
思斉館滝澤道場

剣先の争いは、やや近間である。
われから仕掛ける面、小手〜面は先生の剣先がわが咽喉にある。続くかつぎ小手も先生動かず、動ぜず。構え立派で防ぎの効見事と感服す。近間とおぼしきところから面を奇麗に叩かれる。この一本、虚をつかれた。われ参りし範士の打ちだった。われ少々打ち数多く、ときに先生の面を割るも、懸かった立ち合いとなった。

反省

一、攻め争いをもっとする。我慢が足りず。
二、左膝、右肘痛し。それを心配した稽古は良くならない。立ち上がったらそれを忘れろ。

八、そこに理が
なければ…——
（昭和五十八年〜五十九年）

先の技を

中倉清範士九段（東京）
昭和五十八年一月二十五日　朝
日体大寒稽古　大学道場

先生至極お元気。例の如く打たせず、休ませず、攻めては隙を作り、攻撃一途でぐいぐいと圧迫する。その剣先は気迫そのものといえよう。引き際、分かれ際の小手打ちは機会を作って決める。われ、相当警戒するも、何回となく叩かれ情けなし。わが気力の充実は掛け声ばかりの如し。三～四分で一度に精力を使った感じで終わる。切り返しへ。

反省

一、攻撃に専心し攻め打ちを。先の技を。
二、攻め合う剣先を真ん中から外さない強さを。

佐藤貞雄範士九段（東京）
昭和五十八年一月二十六日　午前
川崎市消防助教研修会　防災犬蔵センター

気力充実を心がける。会の本年初稽古である。先生も厳しく立ち合われる。われ、近間の一本打ちは手数ばかり多く打ち切れない。パンパンと打つも決定打にならず。気力から考えても納得し得ない内容であった。あとで先生から「張っておりますね」といわれたが、外見上のみと反省。近間で会心の打ちが出ぬのは、相手のペースに乗っているからか。打ち間、機会をよく考え、工夫すべきと反省。

教え

一、中段の構え。剣先は相手左眼へ（一刀流、新陰流)。左足の踏み真っ直ぐ、腰を含めてビシッとする感じ。
二、切り返し、懸かり稽古の数大事。
三、基本打突では一本一本すべて有効打にする打ちを稽古せよ。

池田勇治範士八段(大阪)

昭和五十八年三月十九日　午後
明治村大会前日稽古　犬山市体育館

久しぶり(五〜六年越し)にお願いする。

先生、剣先を上から押さえ気味に間合を詰める。われ、果敢に小手〜面にいき、面が決まる。その後も無理なく再度にわたり打てる。気力の賜物か。先生打ち気、手元の上がり端へ出小手を打てばこれも手応えあり。かなりよく見えた。間に入られるとうるさいほど打ちを出される先生に、真ん中を外さずつとめて気分で対応し、無心のうちに終わった。よくぞ打たれず終わったと驚く。終わった後で先生より「年老いた俺をあまりいじめるな」のお言葉をいただき、恐縮。励ましであった。

近藤利雄範士八段(愛知)

昭和五十八年三月十九日　午後
明治村大会前日稽古会　犬山市体育館

先生間合を詰め入り、わが小手を打つ。強い打ちではないが、剣先を押さえ、わが手元を上げさせて打つタイミングはうまい。何本か打たれる。また先生得意の右片手面は、一本だけだったがきれいに打たれた。やはり間合と間の問題かと反省す。さらにフワッとした面を意表をつかれた感じで決められる。拍子が違った。踏み込む足はすり足のようであった。呆然と見てしまった。

われは遠間の攻めから面、小手〜面と数本打つ。手応えあり。しかし速さや馬力のみで、その単調な打ちは理合からはほど遠いと感じる。先生の剣風少々拍子も異なり、難しい剣さばき。やりにくい一戦。

反省

相手が間の入るところの竹刀を、あるいは手元を押さえる。左右にさばかなければ打たれる相手と感じた。

柴田節雄教士八段（北海道）

昭和五十八年三月十九日　午後

明治村大会前日稽古会　犬山市体育館

なかなか張った、きびきびと小気味のよい稽古である。少し攻めながら放ったわれの正面打ちは、先生の引き余したすり上げ面で打たれる。小手打ちもうまく、しかも抜き面もうまいといった具合で、立て続けに決められる。気力不足の中途半端な攻撃では通じない。攻めを強くして相手の手元へ、懐へ入る打ちでなければ通じないと気づく。

後半は先生を攻め誘い出端への面、小手と続けて打ち、お返しする。終わりになるほど私の効果が現われる。じっと我慢「貯める」（溜める）気の打ちが必要で、始めのような弱い気の剣道ではとうてい間に合わぬお方であった。

この方は、引き際の近間からよく面を打たれる。見てしまったり棒立ちのままでは打たれる。厳しくゆるめぬ目付でそれを防がねば、または返し技を打たねば。

武藤英雄範士八段（東京）

昭和五十八年三月二十日　午前

第七回明治村剣道大会　無声堂

一回戦

先生六十一歳。立ち上がり、攻められ打ち込まれ、危うく防ぐが動揺する。心の備えを忘れ、小手打ちを連発するも決まらず。先生を追い込みしは良しとするも、小手にこだわり面が打てず自縄自縛。逆に相手にフワッとした面を打たれ、間を切り防ぐ。しかしとうとうつかまって面を取られる。

二本目、この後なぜか落ち着きを得る。そして上下裏表と攻めにまわり、相手の出端を誘い、追い詰め、手元を上げさせ小手を決めて対となる。勝負、双方中途半端の打ち。われ近間での面打ちは軽く、相手のフワッとした面打ちも軽い。双方有効打にならず延長。延長も一進一退、四回となる。相手の面打ちに、われ出端の小手を決めて終わる。

反省

よく動いたがあまり疲れなし。遺憾ながら理合に欠け、風格はなく、恥ずべし。

大谷一雄先生後でいわく「一番年配者同士の試合なれど、よく動き、元気でした」と。無駄が多かっただろうと反省。

吉村正純 教士八段（鹿児島）

昭和五十八年三月二十日　午前

第七回明治村剣道大会　無声堂

二回戦

技多く、なかなかの使い手と聞き及ぶ。結果は延長二回、相手の面打ち来るを、われ押さえ小手で辛勝。相手のすり上げ面、返し胴、出小手などを警戒して守りの意識強く、そのこだわりで一本打ちの面を出せなくなり、小手〜面のみの単調なものとなった。攻め不足で守りの剣道となったと思う。相手の打ちは目によく映じたが、対応がずれたことを反省する。

あとで吉村氏いわく「今日は二、三本小手を打たれていました」と。冴えのない不充分な打ちと審判は判断されたと私は返答した。それにしても謙虚な方である。

大久保和政 教士八段（埼玉）

昭和五十八年三月二十日　午前
第七回明治村剣道大会　無声堂

三回戦

わが攻め不足の出端を完全に見られたのであろう。ただ呆然として打たれたるは当たり前。腑甲斐なく面を打たれて敗退。互いに打ち合うも決定打なく、攻め不足と感じる。攻めの気迫第一だ。間合と間（時間、呼吸ともに）の良いとき、悪いときがあまりにも鮮明。心せよ、練りだ。今日は一回戦から延長戦の連続だったが、よく持ったものである。しかし決定打のないのはいただけない。疲れがないといえば嘘。長い試合だった。しかし体力はまだ残っていた。全力を出し切っていなかったと反省。

構え大きく手の内柔らかく

佐藤貞雄（七十九歳）**対**
中倉清（七十二歳）両範士九段
昭和五十八年四月十日　午後
東京剣道祭　芝学園

掉尾を飾る試合の観戦記。
攻め合いは双方厳しい。間合を詰めんとする佐藤範士の気迫に中倉範士じりじりと後ずさり、間を切る。佐藤範士なおも攻め、前へ前へ、中倉範士その出端へパンと面打ちを放てば佐藤範士の面上に決まる。数度、同じ経過をたどる。
対して佐藤範士一歩も引かずなおも前へ前へ。近い間合から面打つも届かず。返し胴も数本打つがやや無理、有効打とならず。ただ押さえ小手の一本は見事に決まる。

佐藤先生は残念ながら踏み込み足がないので（膝の疾患）届かないところがあるが、間合を詰める大切さと一歩も引かぬ激しい闘志はよく現われており、感銘深し。範とすべし。足にいささかも衰えを見せぬ中倉範士の踏み込みは見事。

追記
佐藤先生は「心と気」の一体化を求めておられた。先生のお人柄、態度、日常生活にそれがよく実現している。剣道は人間形成の道と、いつも感じさせられた。
稽古では旺盛な気迫を常に拝見し、お手合わせでは心と気の一致を感知した。
足の具合を超越し、打たれても打っても攻め入る姿勢が顕著。そこに心が表われ、まさに気の剣道といえる。

阿部忍範士八段（東京）

昭和五十八年四月十日　午後

東京剣道祭　芝学園

対戦、双方手の内をよく知る仲とはいいえ、許さぬ気迫充分。平常心を心掛ける。しばし攻め合う。先生わずかにわが剣先押さえに来るも逆らわず。先生の打ち気を知り、その出端へ小手を決める。先生の動き止まる。攻め合うも、なかなか出て来ぬのに乗じて打たんと動く。その端へ小手～面と打たれ面を決められる。返した胴は遅し。双方の正面打ちは相打ちのかたちで不発。次、わが面打ちに対し、相手が押さえた小手は、こぶしながらもタイミングよく、参った。

このやりとりの中でわれは再三出端小手を打ち、手応えあり。自然に打てた感じで、全体にわれに利ありと感じた。攻めからの小手～面も決めた。下から攻め上げての小手は先生の手元浮き、打ちやすかった。

反省

構えを大きく、手の内を柔らかく、のびのびと打ちたいと思った。

大野操一郎範士九段（東京）

昭和五十八年四月二十日　夜

全剣連合同稽古会　日本武道館

昔日の攻め威力感ぜずは失礼なるか。間合を詰めての先生の出端へ面、小手～面と打って出る。斜めにした防ぎの竹刀の上側から打つことができる。こんな調子で今夜は単調な運びで終わる。先に打たずば打たるると感じた。ただ打つばかりでなく、剣先を殺す攻めの手続きを丁寧にとらなければいけないと反省。

小森園正雄範士八段（大阪）

昭和五十八年四月二十日　夜

全剣連合同稽古会　日本武道館

剣先をわずかに押さえ攻め来るも強くはなく、われ気負いもなく淡々と機をねらう。初太刀の小手を打つも、先生軽く右手を斜めに上げさけられる。余裕を感ず。われは腰が落ち左足残って、次の打ち出ず。これは下手な打ち。小手～面へと攻勢を変えるも、先生にうまく防がれる。先生、数少なめなるも反撃。先生面打ちに出るも、われ見えて防ぐ。しかし反撃はできず。われ下側から攻め上げ小手を打った。また攻め合う。しばしあって、われスッと間に入り面を打つ。ポンとよい手応えを感ず。先生すぐお返しの小手打ち。われその攻めに一瞬止まった（居つきの感）。その瞬間に打たれている（ここがわれ弱し）。

「一本勝負」の声。先生サッと遠間よりわが面をねらう。われ思わずそれを小手に押さえたところで終わる。短い時間なれど攻め、打ち、さばきなど中味は濃いものだった。

終わって先生いわく「小手はなかなか良いね。とくに下からはうまい小手を持ってるね」と。嬉しくもあるが、少々恥じ入る。

池田勇治範士八段（大阪）

昭和五十八年五月五日

京都大会にて

教え

年齢とともに体力は落ちる。このカバーは気迫力である。それが技となり、目が肥え、対応可能になるのだと。よくよく考え実践していきたい。

千葉徳晃　教士八段（北海道）
昭和五十八年五月六日
京都大会朝稽古　武徳殿

短い稽古だったが、先輩へ出端の面よく決まる。返し胴も決まる。近間でわれ居つきか、小手を見事に決められる。時間なく気分的に乗れない。内容はほんの手合わせだった。

今回範士にかけた先輩のご精進には敬意を表した。後輩の私如きに手合わせを求められた姿、真似したい。この立ち合いで、前の手合わせを思い出した。欠点がほとんどなく好感を持てた。失礼ながら、

一、打突後多かった竹刀の片手持ちがほとんどなし。
二、左腰左膝の崩れ方が是正されていた。
三、右肘ののび過ぎ、力の入り過ぎは未だ少し残る。

遠慮なく言えとのことで申し上げた。この後範士に昇格されたのが嬉しく、お祝いを申し上げた。

八木謙一　範士八段（滋賀）
昭和五十八年五月六日　午後
第三十一回京都大会立合　武徳殿

大柄な剛腕剣士。五十九歳。

攻め合いは強く攻めの厳しさがある。われも負けじと攻め返す。相手なおも少々強引に間に入り来る。間を切るとわが面を打ち来る。われ、しのぎ面へ反撃すれど届かず、面金へ。大身ゆえか。われ少し余し小手〜面といくと、うまく面へ当たる。相手再三再四面打ち（一本打ち）に来る。やむなく出端小手、返し胴と対応す。ともに手数多き打ちとなる。相手の打ち気強く、引かば乗ぜられる恐れあり。果敢に打って出て防禦となる。終わりには相手苦しまぎれか、片手突き出すを、わ

れしのぎ、終わる。崩しての打ち少なくて残念。

感想

四日、五日朝十二分に稽古する。疲れ少々あり。六日、右膝痛大いにあり、休む。体調は良好。朝食パン一個、牛乳二本、果物少々。少食なり。夜、緊張あり、あまり眠れず。試合では不眠を忘れたように調子良く打って出られる。打ってやろうの気なく、体が自然に立ち合わせてくれた。

反省

全体を通じ打ち過ぎ。相手に失礼したと思う。しかし、もし相手に強引と思える攻め打ちがなかったら、われはあのように自然に打って出られたか、疑問も残った。

楢崎正彦範士八段（埼玉）

昭和五十八年五月十六日　夜
全剣連合同稽古会　日本武道館

じっと剣先を合わした攻め合いは、少々長し。先生手元のしっかりした大きな構え。われ苛立ち我慢消え、大きく面打ちに出る。相手見事なる出小手を打ち、初太刀勝負あり。

その後、攻めも双方厳しく、機をねらうも打てず。と、先生大きなかつぎ小手に来る。危うく防ぐ。終了間際、われ攻め崩して思い切ったる小手～面、面を決めた。相手の剣先、わが咽喉に当たるも後のかたち。厳しく張り合った気分は、清々しい。

出たら打つ動いたら打つ

佐藤貞雄範士九段(東京)
昭和五十八年五月二十八日　午前
川崎市消防助教研修会　防災犬蔵センター

先生鋭い攻めで、われ思わず間を切り退く。攻め返すことかなわず。面、小手～面と打ち込むも通ぜず。出小手、返し胴を決められる。攻め、気迫の一語に尽きる。先生との差を感ず。打つ機会が早すぎても、遅すぎても通じない。間合へ入られたら攻め負けである。

教え

一、終了後、先生は「私の手元など堅くなっていませんか?」と質問。剣道を学問として強く意識するようになったのは六十歳をすぎてからだ、と。

二、胴打ちなど下の下ですね、やはり面が中心。大事です。

三、細かい技の練習はいりません。むしろ嫌いである。

四、足さばきを真っ直ぐにし、正しく体得すれば小手や胴はだんだん身につきます。

先生のお言葉、教えには全く頭が下がる。尊敬そのものである。

佐藤貞雄範士九段(東京)
昭和五十八年六月十五日　午前
川崎市消防助教研修会　防災犬蔵センター

「三本」と声をかけられ立ち上がる。

わが先手をかけた正面打ちは、先生に見事な出小手を決められる。わが攻め、間合、機会すべて遅れを取った如し。先生の気迫に比べ、何と劣った打ちかと心を入れ替える。次なる打ちは間を少しく詰め、先生攻め返さんとする端へ正面を打つ。手応えを得る。初太刀の大切さを七十九歳の先生に気力でお示しいただいた。

教え（全員へ）

基本の正面打ちも小手打ちも胴打ちもみな同じである。

試合に間に合う技を色々と教えなくとも、この基本の正面打ちを正しくしっかりと教え、覚えさせればよろしい。それで間に合う。これができないので他の技もみな中途半端で終わってしまう。

小中澤辰男範士八段（神奈川）

昭和五十八年七月十日（日）朝
無名塾一泊稽古会　湯河原巡越前屋

先生師範の横浜市内有志による会。

攻め合う、なかなか打つ間に入れず。われ、しびれを切らして、小手～面に攻むるも通ぜず。面も同じ。攻めが甘く、面、小手～面ともに届かず。打ち切るまでに至らず。のれんに腕押しの如し。返された胴は見事。先生には大きな岩山へ懸かった感じ。あまり打たれず、打てずの経過で終わる。

反省

一、間合に入られ押されている。
二、攻められてわが攻めが通ぜず。かえって出端を詰められている。
三、速く多く、の打ちのみでは駄目。そこに理がなければ……。
四、小手を打ち、間をおき面を打ったのは良いと感触あり。次回、また工夫した稽古をやりたい。

佐藤貞雄範士九段（東京）
昭和五十八年七月二十七日　午前
川崎市消防助教研修会　犬蔵センター

急に暑くなり、体の慣れなく、集中力が欠けたような立ち合い。集中力をゆるめたわけではないのに、わが打ちは手元を押さえられたり、返されたり。結局、攻め不足は心の問題だ。なんとなく竹刀が重く、盛り上がれないのは気勢のない証し。しかし先生のさばきはそんなことを許さず、気迫充実そのものであったように深く感ぜられ、わが気の弱さを指摘された如し。気と気のぶつかり合いに負けたとつくづく。こうなると打ったとか、打たれたとかの以前に気と気の衝突で頑張らないといけない。今日のような暑さに負けない対策を考える。

教え（気合について）
一、声の出し方（発声）相手の出を押さえる。柳生流にあり（補足説明）。
二、気勢の充実と堅持。気と気。

小室長二郎教士八段（東京）
昭和五十八年七月二十七日　夜
全剣連合同稽古会　日本武道館

小柄の方であるが気が強い。下側から小手を攻め上げて、間に入り打ち来るはなかなか渋い。なかなか打ち防ぎの上手な方で、難しい竹刀さばきである。間合に入られてはうるさいと思い、遠間からの攻め、面、小手～面を出し、思ったより決まる。先生七十歳くらいかと拝見。さすがに出足のついた打突はなしだった。間合を考えてよかった。

西川源内範士八段（奈良）
昭和五十八年八月六日　午後
全国教職員剣道大会前日研修会
奈良市中央武道場

柳生講習会以来、二年ぶりとなる立ち合い。

先生のつかみどころのない剣さばきに、われやや苛立ち気味に攻め打ちに出ずるも通ぜず。得意とする小手～面も決まらず。一本打ちの面も小手もままならず、前半を過ぎる。と思う瞬間、先生の攻めからの小手～面が見事にわれを襲う。あっと思うその一瞬を許さずサッと来る。われ思わず引き、防ぎもなく見つめたまま。わが体勢を見、心を見据えた先生の運び方は印象深い。虚実の読みか。それにしてもこの読みは凄い。

反省

先生のこのさばき、体、打ち、心など大いに学ぶ。

佐藤貞雄範士九段（東京）
昭和五十八年十月五日　午前
川崎市消防助教研修会　犬蔵センター

攻め。初太刀の一本は力みなく先生の面上へ決まる。先生「参った」の声。無心の打ちかと思う。前回で懲りているので、出たら打つ、動いたら打つで、あとは何も考えなく思い切り懸かる稽古に徹す。鍔ぜり合いから先生得意の引き胴を打たれたのは、わずか一本のみ。自分に驚く。よく見えた分、動き、打ちがスムーズだった。攻め、気迫の一致したおかげ……。

教え（全員へ）

一、左足の引きつけを早く、構えの足幅を狭く、これは面打ちに大切なこと。

二、引き面に顔を背けてよけない。すぐ打って出られる体勢をつくること。

三、引き胴でも返し胴でも手の返しは横にして打っては決まらない。そのままで下ろして打てば打つ速さが違う。

佐藤貞雄範士宅訪問
昭和五十八年十月九日　午前

先生いわく
一、打ちは無心が本物だ。打とう打とうの打ちは本物でない。
二、教えるのに、あまり過ぎるのは良くない。教えても無駄な段階への者へは無理というもの（段階を見極めなさいということだ）。
三、最も大切な面打ちを中心に。胴打ちなど問題でない。
四、一刀流の流れのほうが警察、学校、一般でも多く、内容の教えも共通し同じである（一刀流の教えを強調されたと思った）。

間合を遠くすると攻めが弱い

市川彦太郎範士八段（埼玉）
昭和五十八年十月十四日　朝
あかぎ国体稽古会　沼田市武道場

激しく攻め合う。間合が詰まる。先生の気迫に満ちた面、小手～面が休みなく襲い、許さぬよという執拗な勢いを感じる。とくに攻めから打ちへのよさ、勝負にかけた決め方は見事で、それは小手打ちによく現われ、しばしば打たれた。われは完全に攻め負けて退き、苦しまぎれ、打ちも無駄打ちで通ぜず。体力の使い方とともに厳しい剣合わせだった。わがただ一本の面は、先生の入り来る端へ裏から出した打ちで、まぐれ当たりなるも慰めとした。

反省

厳しい内容を強く見習いたい。

奥山京助範士八段（秋田）

昭和五十八年十月十五日　朝

あかぎ国体稽古会　沼田市武道場

先生の稽古の姿勢は目いっぱいで全く敬服する。力の入った内容である。鍔ぜり合いの間で、われ竹刀を捲かれて落としたるは不覚なり。このまさかが要注意のところ。この後、鍔ぜり合いではサッサッと間を詰めて防いだ。

混戦の中から先生の出端へ面打ち、あとの返し胴とともに決める。

木戸高保範士八段（京都）

昭和五十八年十月十五日　朝

あかぎ国体稽古会　沼田市武道場

先生得意の（近間）からの左右面への変化技、今朝は防げず、しばしば打たれる。負け惜しみではないが、果たしてこの打ち有効打となるか。終わりのすり上げ面は参った。

小森園正雄範士八段（大阪）

昭和五十八年十月十六日　朝

あかぎ国体朝稽古　沼田市武道場

先生の構え少し高目に、全体動き少なく、静とでもいうか、打ち来る速さもさほど驚くほどでなくも、間合、機会はうまくパンと打たれる。前の方との立ち合いを拝見、注意をしていたが、われ攻め負けて引く。仕掛けるも打ち切れず、わずかに出端へ小手、返し胴を決めたが、防ぐ一方は良くない。何とか滅多打ちに会わずに終わったという感じ。気の張った一戦。攻め崩して正面打ちを決めたかったが残念。

木戸高保範士八段（京都）
昭和五十八年十月十六日　朝
あかぎ国体朝稽古　沼田市武道場

先生間合に入り、得意の竹刀さばきでサッと打ち来る。その場の左右面、面など、われ少々心得たようで（前回はだいぶん叩かれる）防ぎ、反撃し、面、小手を打って手応えあり。先生の間を詰め来る端を決めなければと思うが、攻め不足、攻め負けである。これをいかにするか問題。

堀籠敬蔵範士八段（宮城）
昭和五十八年十月十六日　朝
あかぎ国体朝稽古　沼田市武道場

この国体稽古では、どうせ打たれてもともと、どの先輩、どの先生にも懸かる稽古を念頭に思い切った稽古をした。スムーズに打って出られるのに少々驚く。開き直った結果か。正面打ち、小手～面もかなり通じた。先生間合へ入る端、手元の上がるところ出端小手を打てばこれも確かな手応え。また手元をサッと押さえるなど、先生の動きを再三止めることができたのは収穫だった。ただし甘い打ちは幾度か返される。先生を崩す打ちは不足だった。スムーズな打ちのできたのは良いとしても。

佐藤貞雄範士九段（東京）
昭和五十八年十一月九日　午前
川崎市消防助教研修会　犬蔵センター

ここ何回かの対戦、正面打ちなど少々手応えあり。しかし遠間より攻め、然して先生の出端を決めないといけないのではないか。打たないで打たれない、打たれないで打てる。攻め合いの間の研究をしなければと思う。先生打たせておられるのではないかとも。良い気になってはならぬ。

大久保和政教士八段（埼玉）
昭和五十八年十一月二十二日　夜
全剣連合同稽古会　日本武道館

わが小手打ちに、相手待ってましたとばかり面をすり上げて打つ。なかなかうまし。のちも同じ場面は危なし。相手の小手～面打ちはテンポよく、少しでも躊躇し、退くと面に乗られる。一度うまく決められる。やや攻めあぐねる。われの攻め、剣先を下げると相手これに応じ、剣先を下げる。ためらわず内小手を決める。この攻めで小手を打っても相手のすり上げ面は不発となるを知る。また相手の小手～面も一歩出ると防ぎとなることがわかる。この二点よく留意すべし。わが返し胴も決まる。

反省

わが下側からのあおり気味の小手打ちは禁じ手としたほうが良いか。相手反応よく押さえ小手、また手元を押さえるなどあり。

佐藤貞雄範士九段（東京）
昭和五十八年十二月七日　午前
川崎市消防助教研修会　犬蔵センター

気迫に呑まれたわれ、正面打ちはみな押さえられ、小手に決められる。攻め負けは残念。わが小手～面、一本は決めたとは思うが、立ち合いは完敗である。

反省

間合を遠くすると攻めが弱い。腑甲斐ない。

教え（全員へ）

六分の勝は上々だ。

戦いで徹底的に勝利を収めるには自軍にも多くの犠牲が出る。これを考え思いやって六分の勝で良いという故事あり（関ケ原の戦い）。勝つのみを知って負くるを知らざればと、その言、わが身に当てはまるか。

この息抜き、瞬時の油断

大野操一郎範士九段（東京）

昭和五十九年一月二十五日　早朝
日体大寒稽古　大学道場

じっと構えられる。剣先の働きあるやらないやら不明。しかし、わが打ちには防ぎ返す（胴）。少しの衰えもなし、さすが。竹刀さばきは強くがっしり。とはいえ、攻め詰め入る激しさは昔ほどではなかった。先生、近間で強い気の諸手突き、その端をわれなやし防ぎ分かれる。わが攻め打ちの面小手～面、今少々なるも決めた打ちに近いと感ずる場面あり。自己満足かもしれない。総じてお元気そのものと拝見、有難い稽古をいただいた。

佐藤貞雄範士九段（東京）

昭和五十九年一月二十五日　午前

川崎市消防助教研修会　犬蔵センター

日体大の朝稽古に引き続き立ち合う。

われ、剣先を相手中心線より外さず。先生の間に入り来るを一歩も引かず、攻め負けをせず、正面への攻撃は成功。その他何本か手応えを感じる。この攻め合いが大切、良い感触を得た。しかし本物の攻め合いであったかどうか。

中倉清範士九段（東京）

昭和五十九年一月二十七日　朝

日体大寒稽古　大学道場

久しぶりに目いっぱい懸かった。

先生の構え、左足先を少々前にした変則中段。打突は右足を前に出しながら面、左足を前に出しながら小手、踏み込み少々なれどよく打たれる。近間、わが剣先が胸辺りについていようが、左片手面、離れると思うや大きな振りかぶりの胴打ちなど、許さぬ気迫そのもの。咽喉にかかる先生の剣先は、そのままぐいぐいと押し上げてくる。その気迫は強引そのもの。しかし強引と見えて、実は巧みに計算されている。独自の剣道はさすが。

なかなか竹刀を合わせてくれない。休ませない。われこれに対し、やや近間より強引な払い面、張り面など打つが通ぜず。力まかせは不発の連続無惨。われ力んで先生の咽喉より剣先を離さず。双方の争いも、打たれず打てないに思わず力が入る。息上がる。切り返しで終わる。

小森園正雄範士八段（東京）

昭和五十九年一月二十八日　朝

日体大寒稽古　大学道場

剣先の争いしばし、中を取り合う。われ、間合を気にしたが意外に冷静。先生の剣先わが裏に来るも、外れを逃さず面に出ると決まる。この面打ちなぜか再度決まる。剣先の働き、打つ機会、タイミングがうまくいくと理合通りとなる。先生の攻めからの正面打ち、いつもの通り大きくゆっくりながら、わが返し胴は有効ならずして面を破られる。わが攻め甘し。打つと同じように防ぎもサッと迎える如く前へ出ることが必要。わが竹刀さばき遅し。

佐藤貞雄範士九段（東京）

昭和五十九年二月八日　午前

川崎市消防助教研修会　犬蔵センター

先週とはかくまで違うかと驚く。体の調子別に悪くはないはずなのに。心のなせる業か。足裏がスルスルとすべる。竹刀が重い。パンとした打ちが出ない。気力不足甚だしい。返し技はいかがしたことか、ただの一本も打てないのが不思議。先生には打ち間へ入られ、面を小手をと打たれて終わった。残念腑甲斐なし。

笠原良教士八段（東京）

昭和五十九年二月二十日　夜

全剣連合同稽古会　日本武道館

われ、面打ち小手～面と打って出る。相手はただ間を切るためか、退く一方で追い込んだかたちで決まる。誘い出端に乗って打ってもよかったか。

松本敏夫範士九段（兵庫）

昭和五十九年二月二十三日　午後

全剣連高段者研究会　埼玉・解脱錬心館

姿勢。構え。首筋は立ち腰が入り立派なもの。その姿勢に圧せられる。剣先をサッと使っての真っ直ぐな小手、面打ちは鮮やか。打たれる。先生、間を詰める。わが竹刀の上から押さえパッとした打ち。この面、決められた。一本なれど、打とうとか打たれまいとかではない打ちに驚く。終わり頃、わが遠間からの大きな面打ちは読まれ、先生の見事な押さえ小手。このサッとした打ち、強く印象に残った。

反省

姿勢、構え、打ちをまず体得せねばならない。

植田一 **範士八段（香川）**

昭和五十九年二月二十三日　午後

全剣連高段者研究会　埼玉・解脱錬心館

とくに間に入られないよう剣先を働かす。攻め合う。先生の間に入り動き止まったかの一瞬、思い切り攻め打った面は決まったかに覚えるが、返し胴でまた押さえ小手で応じられる。鍔ぜり合いから分かれ際、わが竹刀を押さえ崩しての小手は見事、先生得意の技と聞く。これも身につけたいとの衝動に駆られた。われ、遠間より大きな面打ち、感触良好。いささかもゆるみのない剣風はひとしきり印象深いものとなった。

池田勇治 **範士八段（大阪）**

昭和五十九年二月二十三日　午後

全剣連高段者研究会　埼玉・解脱錬心館

わが大きめの面打ちにも小手打ちにも、微動だにせぬ。構えは崩れず、先生の剣先わが咽喉にかかる。かつぎ小手も同じで無効。苦しまぎれながら、思い切りよくサッと間に入り小手〜面を打てば、この小手〜面はよくのび面が決まる。また先生のかつぎ小手は、わが剣先押さえ止めて打たれず。終わり頃、近間でわが引き際（分かれる）、構え少々下ろす瞬間の小手を打たれる。この息抜き、瞬時の油断よくよく注意すべき。先生だんだん手数少なくなり、それでいて打ちは決められるという印象。

長谷川壽範士九段（大阪）
昭和五十九年二月二十三日　夕
全剣連高段者研究会　埼玉・解脱錬心館

先生から会終了後、声をかけられ感激。「貴方は最後に池田先生とやっておった方ですね」「ハイ」「稽古が少し変わりましたね」「私にはあまりわかりませんが」「なかなか良いですよ、しっかりと頑張りなさい」

私自身、ほとんど変わらず夢中で立ち合っている。見ていただけただけでも有難い。そして言葉までかけていただき、〝いよいよこれからだ〟と心に誓った。

石原忠美範士八段（岡山）
昭和五十九年二月二十四日　夕
全剣連高段者研究会　埼玉・解脱錬心館

剣先にて迫力が伝わり、気力張り詰めて立ち合う。打つ機会なくつくれず攻め合う。先のわが面打ちも小手打ちも防がれる。逆に先生、香りもなく色もなくアッという間もない面打ち。わが小手打ちに、右手を外し抜いての面打ちは見事。ただ呆然というべきか、全く参りました。

われやむなく、遠間より正面打ち、小手〜面打ちとガムシャラにいくうち手応え良くなり、後半はのびのびとよい稽古となったのが救い。

気迫がない

市川彦太郎範士八段（埼玉）
昭和五十九年二月二十四日　夕
全剣連高段者研究会　埼玉・解脱錬心館

立ち上がりから攻め込まれ、引いて面、小手と打たれる。わが悪癖と弱点を見抜かれたようだ。攻め出て反撃の機会をつくれない腑甲斐なさ。また先生の打ちに対して応じもなく防ぐのみ。気迫がない、攻めを忘れた如し。

西善延範士八段（大阪）
昭和五十九年二月二十四日　夕
全剣連高段者研究会　埼玉・解脱錬心館

初めてお手合わせいただく（われ七段の若いときにお願いしたことあり）。

間に入り来る速さ、近間での機会のとらえ方、うまさ、押され引く度に面を打たれ、われなすすべなく、全く手も足も出ない。嫌になるほどだった。思い切りよくかつぎ小手を打てば、先生の出んとする機にうまく決まる。さらに先生打たんかなの出端小手有効の手応えあり。何か活路を得た感じ。苦しくても気迫鋭く攻め立て打って出ることの大切さを味わう。攻めに弱いわれ、ともすると余し引く。そこからの打ちは負けている。打たれる前に相手の出をいかにして止めるか、この理を研究つかむべし。同じパターンの繰り返し、面ばかり攻撃すればむざむざ応じられるのは当たり前。引くな、苦しかったら打って出ろだ。

伊藤雅二範士九段（東京）

昭和五十九年二月二十四日　夕

全剣連高段者研究会　埼玉・解脱錬心館

先生サッと間に入る。われの誘い出されたような面打ちは、小手を打たれ決められる。それも数本。充分承知していた心積りなれど、攻めも打ちも甘し。遠間からの大きな正面打ちは手応えを得る。活路を見い出したと思いきや、すぐ返しの胴を打たれる。先生のかつぎ小手をうまく小手に押さえたが、焼け石に水。気を張り、剣先を張り、先の打ちが大切と教えられる。

中倉清範士九段（東京）

昭和五十九年二月二十四日　夕

全剣連高段者研究会　埼玉・解脱錬心館

引かず思い切り懸かるを心する。このためか、打突不発後の当たりや鍔ぜり合いが心ならずも乱暴気味。反省多し。手応えを感じたのは大技の正面打ち。連続打ちで面を割る。先生、近間からの胴打ちは瞬時の隙も許さず。打ち来る気力、速さ、強さ、休ませない攻めに敬服。

休まない攻め打ち。先生の得意とするサッと入りしなの大きな胴、面、小手～面、左足前での打ちなど変化技。すこぶる強い気の張りで、すっかり息が上がる。時間短いのにくたくたであった。切り返しへ。

市川彦太郎範士八段（埼玉）

昭和五十九年二月二十四日　夕

全剣連高段者研究会　埼玉・解脱錬心館

始めから攻められる。われ引いて余すを小手～面と打たれる。弱点を指摘され残念。闘志不足。積極的に攻め打つこと。懸かって懸かり抜く心が大切。工夫も大不足。引くな出ろ。

反省

剣先の強き攻め、色なき相手のパンとした打ちは、すべてすり上げで対応すべし。気迫を忘れた攻めはとくに悪し。応ぜられぬ剣が情けない。

感想

この研究会の稽古はためになった。すべての先生方、みな剣風が違う。懸かる難しさ、攻めと気、どれを取っても難問。それだけに勉強になる。有難い日々に感謝。

阿部忍範士八段（東京）

昭和五十九年三月二日　午前

日体大稽古会（春休み）　大学道場

剣先なかなか剣先強く張り、強引と覚えるぐらい間に入って、わが面へ幾回となく打ち来る。その都度間を切ったりして防ぐ。反撃技出せず。わずかに出端への小手のみとは遺憾。わが攻め剣先の働き弱し。小手～面打ちのみにて精彩を欠き、まことに不充分。

反省

気力を充実し、攻め崩しての堂々の打ちこそ。

佐藤貞雄範士九段（東京）

昭和五十九年三月二十一日　午前

川崎市消防助教研修会　犬蔵センター

強い攻めで間に入り来る。その姿勢、気迫に押される。われ負けじと張り、近間でパァンと面打つも返し胴を決められる。続いて少し遠間を意識、振り上げての面打ちは少々小さくも手応えあり。少々打ち過ぎ。

互角の攻め合いは終始押され気味。後退してしまうは残念。技、心、位の差である。反省多し。打たれるから引く、やむなく打って出るでは駄目。

松本明正教士八段（北海道）
昭和五十九年三月二十四日　午後
明治村大会前日稽古　犬山市体育館

打突は正しく、剣先の強さとともに普通と拝見する。われ攻めからの正面打ち、面に対しての押さえ小手。手応えありは数回。

地頭江徹郎教士八段（大阪）
昭和五十九年三月二十四日　午後
明治村大会前日稽古　犬山市体育館

かつぎからの打ち思い切りよく、小手をおびやかしての面打ちはスムーズに来る。試合巧者とみた。われサッと間に入り、相手の面打ちを押さえ小手、相手引けば面に乗る。関西の方、総じてかつぎ技は上手。

園田政治教士八段（大阪）
昭和五十九年三月二十四日　午後
明治村大会前日稽古　犬山市体育館

間に入っても相手我慢強く、近間で打つ機を待つが如し。打ちもうまい、返し胴も良い。勝負勘の良い剣士。攻めを強くして攻め負けないことが必要と頑張る。かつぎ気味の面打ちなど特徴あり。

錦戸真教士八段（長崎）
昭和五十九年三月二十四日　午後
明治村大会前日稽古　犬山市体育館

足を使ってよく打ち来る。小手〜面によく打って出て来る。われ攻めを強くしての小手〜面は手応えあり。相手の得意を打つのも効果ありと感ず。キビキビした剣の使い手。

林義春教士八段（滋賀）
昭和五十九年三月二十四日　午後
明治村大会前日稽古　犬山市体育館

大柄でがっちりタイプ。攻め方、やや身を沈めるが如し。しかもそれでわが正面を打ち、決めた。また相手、われの攻めに乗じて面に打ち来るを、小手に押さえる。

奥園國義教士八段（大阪）
昭和五十九年三月二十四日　午後
明治村大会前日稽古　犬山市体育館

攻め、小手、また面、小手~面とあまり遠間ではないがパァンと来る。飛んだ感じのしない気圧の弱い打ちと感じたが、連結してよく打ち来る剣風には学ぶところあり。決して相手の攻撃に引いてはならぬ。引いたため連続技で打たれた。わが一本打ちの面は手応えあり。

今井三郎範士八段（茨城）
昭和五十九年三月二十五日
第八回明治村剣道大会　無声堂

一回戦　コ一本勝ち

過去幾回となく対戦し、互いに手の内を知る仲。双方激しい攻め合い、われ、相手の小手を攻め、その上がりを見極め小手を打って決める。その後、双方応酬、手数もあったが決められず時間切れ。われ大技の面打ち消極的なり。残念。

池永晃一郎教士八段（東京）
昭和五十九年三月二十五日
第八回明治村剣道大会　無声堂

二回戦メメ勝

相手手元堅く構え崩れず。常に剣先はわが咽喉を外さず。われ一本打ちをやめ、攻めて相手の出をうかがう。相手わが面を打ち来る。不発が続いて近間となり、また打ち来る寸前、われ出端への面をうまく決める。一、二本とも同じ。

村山慶佑 教士八段（兵庫）

昭和五十九年三月二十五日
第八回明治村剣道大会　無声堂

三回戦—敗　相手—ココ

相手、思い切りのよい積極的なかつぎ小手を打ち来る。剣先を咽喉にのばしつつ防ぐ。面、小手〜面もわかり防ぐ。相手の一本打ちの面を小手に押さえるも不充分か。相手わが打ちに間を取り、退くこととしきり。さらばと大きく攻め入り、正面打ちに出るところ相手退きながらわが小手を押さえる。先取される。時間の経過を感じ、正面打ちに出るもまたもや同じに押さえられて敗けとなる。二本負けは残念なるも、思い切った攻撃は良しとした（終了後、相手から、二本目の小手は不充分でした、と謙遜の一言あり。人柄の立派なるを感ず。微妙なる一本とわれも思っていたが……）

九、間合、機会を見極めよ——（昭和五十九年～六十年）

無駄打ち多し

佐藤貞雄範士九段（東京）
昭和五十九年四月十八日　午前
川崎市消防助教研修会　犬蔵センター

先生鋭い気迫でサッサッと間を詰め来る。われ表裏から真ん中をとらえんと剣先の争い。そして正面打ちへ、また小手〜面へと、打たれる前に積極的に打ち込む。打ち勝つ手応えありと感ず。真ん中を攻めた懸かりの先は成功で、圧迫感もあまり受けずに終わる。珍しい結果となる。

小中澤辰男範士八段（神奈川）
昭和五十九年四月二十四日　夜
横浜寿剣友会稽古会　共進中学校

剣先にての攻め激しく、真ん中を境に表裏を攻め来る。われ何とか入らんとすると、先生剣先を下げ間を切る。われ浮き気味で打てず。逆にまた攻め入られるようで、焦りを感ず。やむなく小手を打ち入るも先生動ぜず。苦しまぎれ、われかつぎ小手〜面を出すも通ぜず。大きな正面打ちは返し胴に決められる。

割って入らん、乗って打たんと試みるも先生構え崩さず、終わりまで不発。決定打なしは不本意。先生の懐の大きさ、地腹の強さとでもいえよう。全体の圧力になすすべなし、残念。

佐藤貞雄範士九段（東京）

昭和五十九年四月二十五日　午前

川崎市消防助教研修会　犬蔵センター

わが攻めの甘い面打ちは、先生に見事な出端小手を決めらる。正面打ちも先週のようには決まらず。わずかに小手～面、払った正面打ちがやや手応えあり。終始防がれ返されるわが打ち腑甲斐なし。サッとした大技の面が打てないのはどうしたことか。悪しき体調ではなかった。相手を圧する気迫、攻め返しがないためか、反省しきりの一戦。

岩谷文雄範士八段（秋田）

昭和五十九年五月六日　午後

第三十二回京都大会立合　武徳殿

相手立ち上がりから強引、剣先で押さえ入り来る。われこれに応ずるも少々根負け気味。気攻め弱く間を切る。しばし続く。相手に打たんかなの気配を感じ、われ剣先を相手咽喉につけ、その打たんかなを押さえたのは成功。われ近間で、相手引き際に正面打ち数本打つも決められず。出端に合わせた面打ち、再三あるも決められず。打たれん打てぬは腑甲斐なし。

反省

一、玉利範士ちょうど立会で、打ち過ぎるぞと言われそうな気が脳裡にあり。打ちが決められなかったのか打てなかったのか、他のせいにするわけではないが、残念。

二、思い切った打ちになぜ出られなかったのか。気迫と捨て身が不足だったのではないか、と反省。

三、少々意に反し無駄打ち多し。避けるべし。位がないといわれても仕方ない。

終了後、案の定「打ち過ぎです」の玉利範士の言、これを重しとした。

松和芳郎教士八段（千葉）
昭和五十九年五月十六日　夜
全剣連合同稽古会　日本武道館

攻め合うも相手なかなか間に入ろうの気配なく、待ちの竹刀さばきかと感ず。われ、内小手をねらい、続いて正面打ちにいくも防がれて不発。相手チョンと小さなその場打ち。われ打たんとする瞬間、またもや小手を打つ。二度打ちのなかなか味なことをすると思う。われ、大きくかつぎ小手をゆっくり打てばボコンと当たる。再三である。相手小手打ちをすれど、われ剣先をじっと咽喉へつけ動かさずゆえ当たらず。面をひとつとして打たずに終わる。見極め不足か。反省多し。

辻村祥典教士八段（東京）
昭和五十九年五月十六日　夜
全剣連合同稽古会　日本武道館

相手の面、小手打ちは速いが小さく迫力なく効なし。それを防ぎ、すり上げて面を打つ。さらに小手～面、面とわれ攻め打つも決まらず。かつぎ小手は手応えあり。焦らず騒がずで対応する。迫力なきは防ぎやすく打ちやすい。

渡辺哲也教士七段（警視庁若手）
昭和五十九年五月十六日　夜
全剣連合同稽古会　日本武道館

強い張った攻め。小さく速い面を打つ。われ引いて打たれる。彼の剣先の働き、われの竹刀を小さく押さえ、また押さえ、迫力あり。われも前へ前へと恐れず出て返し技で応ず。動き、打ち鋭く、今後が楽しみの人材。気の張り合い、またキビキビした動き、良き若手と思う。後味良し。

佐藤貞雄範士九段(東京)

昭和五十九年五月三十日　午前
川崎市消防助教研修会　犬蔵センター

今日は打とう打とうを意識せず、先週を思い積極的に先を懸ける。

面、小手~面など、打って出ると手応え再三。先生には悪いくらいの当たりにびっくり。なぜかが心に残る。今日は打たしてもらったか。返し技が一本もないのはおかしい、と後から。

教え(全員へ)

だいたい癖というと悪いということであるが、良い癖もある。これはどんどんのばす。指摘されたら徹底的に正すこと。

佐藤貞雄範士九段(東京)

昭和五十九年六月十三日　午前
川崎市消防助教研修会　犬蔵センター

初太刀をねらう。一本目、わが正面打ち、先生の面の左側に外れ、うまく返し胴を打たれる。二本目、われ小手をねらうも先生に返し小手を打たれる。見事な技前。途中苦しまぎれで先生の出端へ大きくかつぎ小手を打てば奇麗に決まる。先生「参った」と。のち近間で強い払い面を打ち手応え良しとしたが、これは強引すぎて理合にほど遠し。最後にとび込んで面は決まるも、全体として芳ばしからず。起こりを打たれ、遺憾なる立ち合い。

反省

一、立ち合いは五分と五分、負けじの心の構え、気の張りをしっかり持つ。

二、常に先手を取れ、初太刀を受けたら返せ。

三、左手の位置。切り返しのとき外れている。中段の構えが崩れているのではないかと反省。正す。

強引は大敵

小中澤辰男範士八段（神奈川）
昭和五十九年七月二十二日　午後
県教員一泊研修会　湯河原高校

先生間を詰めて来る。しかし、ほとんど打ちは出さぬと近頃感じる。われ攻撃一方で思い切りやすいはず。なれど真ん中を割って入れぬのはいかがしたか。やむなくパアンと面打ちに出るも防がれ、返し胴となる。繰り返すも通ぜず。小手～面と遠間より打つも少々不充分。届かぬ面打ちは、間合が遠いのか、機会が悪いのか反省す。

かつぎ小手はパクッと決まる。あとで「今日のあの小手は参った」との言葉をもらう。その他の小手打ちも、先生の竹刀上がるところを打つと手応えあり。今日は何としても攻めからの面、小手～面の一本くらいは欲しかった。近間でパンパンと少々打ち合うも双方決められず。われ、今日の強引さはよろしくない。反省。

佐藤貞雄範士九段（東京）
昭和五十九年八月十五日　午前
川崎市消防助教研修会　犬蔵センター

暑い日の稽古で息が上がった。先生八十歳、われ六十一歳。先生すこぶるお元気。気迫は変わらず、お壮んと拝見する。わが面打ちしばしば不充分。先生の返し胴、遅れがちでわが肘へ。先生の竹刀少し重いのではないかと思うほど。小手～面も通ぜず物足りない。

反省

理の打ちがない。強引に剣先を押さえ、叩いて、勢いにまかせてばかり。間合、機会の見極めが大不足と反省。

終戦記念日で戦死者の冥福を祈った。戦争はよろしくない、やめるべき。

内山真範士八段（秋田）

昭和五十九年八月十九日　朝

秋田インターハイ朝稽古　県立スポーツ会館

わが攻め中心を外さず。先生の出端への正面打ち、小手～面の打ち、果敢に打ち出ること再三、かなり通じたと思う。先生の手の内柔らかく、わが出端への小手も、タイミングのうまさでたびたび押さえられる。また打ち合って分かれ際、追い込まれたように見事な面を打たれた。気が抜けたと見られたか、われの悪癖が目立ったような叩かれようで、恥じ入る一戦となった。（弁解でないが春頃から腰痛あり。原因不明）

佐藤貞雄範士九段（東京）

昭和五十九年八月二十二日　午前

川崎市消防助教研修会　犬蔵センター

相変わらず鋭く攻めをもって間合に入り来る。猛暑。八十歳を忘れさせる気迫を、恐いほどに感ず。わが遠間からの打ちあまり決められず、近間での打ち少々多く不本意だった。

先生の返し胴は鮮やか。何とか避けたいと思えど適わず、残念なり（腰痛、秋田以来続く）

教え（全員へ）
面の打ち方　　剣先の下がりかけ
　　　　　　　体の右左に動くとき（動きかけ）
小手の打ち方　手元が上がったら
　　　　　　　体が左に動きかけ（動くとき）
恐懼疑怖（惑）
気の充実……これがあると恐れなどなくなる
平常心……さらにこの境地へならなくてはならぬ

佐藤貞雄範士九段（東京）

昭和五十九年九月十八日　午前
川崎市消防助教研修会　犬蔵センター

残暑厳し。鋭い気迫の攻め、間合を詰め来るは変わらず。初太刀にすべてをかけたわれ、先生の入り端パァンと面打ちにいけば充分に手応えあり。無心の如し。あとで先生「私は自信をもって間を詰めた。うまく打たれた。いつも気の問題だね。大切なことだね」と有難く承る。その後の展開は少々情けなし。先生に攻められ、不用意の打ちを小手に押さえられ、胴に返される。始めの面を、あと一本でよい、打ちたかったが打てなかった。また、小手～面を忘れて一度も打たなかった。面に執着した。それもいけない。反省は常に遅し。

佐藤貞雄範士九段（東京）

昭和五十九年十月十七日　午前
川崎市消防助教研修会　犬蔵センター

間合近く、面も小手～面も幾本か決まる（小手～面は小手打ちで間を置くと面が当たる）。先生の小手打ち、振りかぶっての大きな胴打ちに、われ動ぜず。また詰められても剣先を真ん中から外さず、手元のばし気味にて先生の打ちを封じた。遠間で勝負をかけ、決めないといけないのではないか。遠間の勝負、稽古が不足というより恐いからでないかと反省。

教え（全員へ）

神道無念流　切り返し（横への面打ち）

一刀流　〃（前後　）

神陰流（新陰流）〃（大きな斜め振り、足は交互）

鞍馬流　〃（足交互に出しての左右面打ち）

学校等〝合理的に〟と統一を目指した指導法が、武徳会の手により今日のような内容となった。明治後半のことである。古くは、各派各自でやっておったのである。

小中澤辰男 範士八段（神奈川）

昭和五十九年十一月十日　夜

横浜無名塾稽古会　鶴見高山道場

攻め合い、遠間からの正面打ち。小手はまるで打てず。先生の応じは出小手、返し胴、打たれる。また剣先で下から上へ上へと攻められて浮き、間合へ入られ、自分の維持すらできず苦しい一方であった。やむなく小手〜面を打つが手応えはわずか。われ先生の剣を上から押さえ、間合を詰めるが打てない。剣先の弱さは腑甲斐ない。格の違いと思うが、懸かれ懸かれと懸かり稽古で終わる。

長堀久五郎 教士八段（東京）

昭和五十九年十二月六日　夜

全剣連合同稽古会　日本武道館

相手の攻めあまりなく、近間から小手を打ち、少しの間を置き面を打つ。気をゆるめると打たれる。その一本打ちは、軽く決定打に欠けるきらいあり。わが剣、相手の小手打ちを抜き面へ。出端への面打ちは通じた。

千葉徳晃範士八段（北海道）

昭和五十九年十二月五日　夕
日体大稽古会　大学道場

熱心な先輩で、商用の合間を見てご指導に参加される。有難い。攻め合う。気迫充分で攻め間を詰め来るその意気旺ん。小手～面と打ち来る気配を感じ、われ防ぐ。先輩の出端へ面を。手元を押さえたり、剣先を圧したり、上から面にうまく決める。先輩の打ち、右足踏み込みはすり足で、変則気味の打ちもパァンとせず、やや勢い不足。しかし臆することなき打ち気は学ぶところあり。気迫にあふれたやりとりは有難かった。

松井貞志教士八段（埼玉）

昭和五十九年十二月十六日　午後
久里浜剣士会納会　久里浜中体育館

幾年ぶりかのお手合わせ。剣先をよく働かせ、また押さえて来る。われ裏から裏から攻め、小手～面出すも不十分。相手わが小手をねらうもわれ返し技出せず。攻めてからの正面打ちも防がれる。鍔ぜり合いは激しく緊張せり。そして双方のきれいな分かれは良し。

われ思い切り一歩踏み込みながらのかつぎ小手はうまく決まる。先生、われの小手打ちに合わせ小手～面と面をうまく割る。切れのよさ、タイミングが素晴らしい。続くわが大きな面打ちも出端小手を打たれる。その後、先生の正面打ちを出端小手にお返し。先生の手元の上がりよく見えて、応じられた。

中村伊三郎範士八段（東京）
昭和五十九年十二月十六日　午後
久里浜剣士会納会　久里浜中体育館

久しぶりのお願いとなった。攻め合い、我慢して数秒。スッと入り遠間から放った正面打ちは、待ってましたとばかり大きな返し胴を見事に決められる。これは、我慢不足で間の詰め不足である。先生の変則一足二太刀の小手～面で簡単に打たれる。これは、わが悪癖（引いた）が出たため。恐がらず懼れず前へ出ないと防ぎにも反撃にもならぬ。攻め負けと反省。

われの打ち少々不充分。面打ちも小手～面打ちもしばしば先生の面金へ届いたが、あとひとつ決められず残念。また先生の攻め打たんが少しわかるも、われ打てぬは攻め負けなり。思い切って打って出る心の立ち合いをしなければ。

先生再三「なんのなんの、まだまだ」と。われ気負けは腑甲斐なし。残念。

応じ技未だし

中倉清範士九段（東京）
昭和六十年二月十七日　夜
日本武道館開館二十周年記念演武大会　日本武道館

満員の大観衆、招待の中国武術団、古武道及び現代剣道関係者、役員、その他招待者など、盛会そのもの。われ、選ばれた栄誉に感謝。晴れ舞台に、あがりもせずよく終始できた喜びは、筆舌に尽くし難し。形の演武から始まる。現剣道界を代表する両先生、京都武専の同窓で近い先輩、後輩として修業の間柄、息ぴったりを感ず。淡々としかも力強く、これならば切れるぞと感ずる。練り上げた内容はまことに厳しく、それを目の当たりにして感銘深し。

わが立ち合い。立ち上がる。先生の鋭い気迫を受ける。われ負けじと攻め、始めの小手~面は、先生退きやや頭斜めに防ぐも、面打ちの一打は手応えあり。これで気分が盛り上がる。正面打ちに出るも決められず。先生防ぎ、反撃の小手を押さえる。近間となる。攻め合う。しかしその後先生猛然と、変則的な左足前の小手打ち、近間からの合気を外した胴打ちを打ち来る。ゆっくりとした正面打ちの反撃に出るも、胴は割れんばかり見事に打たれた。が、他は防ぎ外すことができた。約二分間と短い内容ながら、呼吸が大きくはずむ激しい立ち合いとなった。学生時代から今日まで、四十数年間鍛えられたこの恩師と、こんなかたちで思い切り立ち合えた好運と栄光、演武の一幕に出場できたこと、ただ有難く感銘深し。無心の立ち合いができたことにも感激。

当日の剣道演武参加者

立　会　堀口　清範士九段
元　立　中倉　清範士九段
懸　り　榑崎正彦範士八段
〃　　　倉澤照彦範士八段
〃　　　中村　毅教士七段
〃　　　原田哲夫教士七段
〃　　　福之上里美五段

形演武者　小中澤辰男範士八段
　　　　　中村伊三郎範士八段

中倉清範士九段
昭和六十年二月二十一日　夕
全剣連高段者研究会　埼玉・解脱錬心館

実に息もつけない目まぐるしい打ち合い。先生の間合はあってなきが如し。バンバンと打ち来るその気迫。強引とも感じる打ちは横面、左足前での小手、胴打ちと次々に襲ってくる。矢継ぎ早に攻めながらの打ちは全く気の抜けぬ闘いとなり、精根尽きるが如し。近間ではわれ負けじと打ち合うも、これられた打ちには間に合わず、有効打にはほど遠い。われ遠間より攻め裏からいった正面打ちは確かな手応えあり。ただし一本のみは淋し。混戦近間では通ぜず。遠間よりの打ちで決める以外なし。反省点多し。先生のバンバンした打ちを止めるにはどうすべきかと考える。

廣光秀国範士九段（福岡）
昭和六十年二月二十一日　夕
全剣連高段者研究会　埼玉・解脱錬心館

先生の速い攻めからの小手打ちは、警戒しながらも数回打たれる。少しも気の抜けない立ち合い。われ縁の切れ目から面を打ち、辛うじて手応えを得る。かつぎ小手は防がれ不充分。我慢を忘れたが如きで、パアンと打って出ても応じ返され、その愚を繰り返す。情けなし。位・格の違いであろう。

反省　気迫の充実
　攻め勝つ、打ち勝つ

長井長正範士八段（大阪）
昭和六十年二月二十日　夕
全剣連高段者研究会　埼玉・解脱錬心館

攻め合いは少々、われ機を見て出端へ正面打ち、これは手応えよく数本決まる。先生なかなかに我慢強し。しかし剣先の争いだけでいかがなものかとも。結局一本も打突なしだった。わが小手〜面も決まる。

石原忠美 範士八段（岡山）

昭和六十年二月二十日　夕
全剣連高段者研究会　埼玉・解脱錬心館

剣先激しく攻め合う。われ速さに頼った正面打ちを強引に繰り返すも通ぜず。小手〜面、少々追い込むかたちとなるも有効打につながらず。この間に先生の思い切り良き、振りかぶりの大きな面打ちを、われ二度三度と打たれる。また胴へも返され、全く歯の立たぬ力の差を思い知らされる。最後に一本のみ、攻め合ううち先生の手元の上がり際、パクッと小手を決めたが、これは先生の武士の情ではなかったか。打たせてくれた小手ではなかったか。

鶴丸壽一 範士八段（兵庫）

昭和六十年二月二十日　夕
全剣連高段者研究会　埼玉・解脱錬心館

長身、懐の深い手元。われなかなか打って出られない。思い切った正面打ちを果敢に打って出るも足りず。いま少しの感じ（面金に届く）。先生の諸手右半面、胴打ち、小手打ち、何となくわが目に映じ、防ぐとともに反撃は逆胴へ、裏から受けて小手へ、あるいは面へ。しかし有効打とならず残念。先生の攻め打ち圧迫感があり、防いだ一戦となる。決定打がほしい。応じ技未だしは残念。

西川源内範士八段（奈良）
昭和六十年二月二十日　夕
全剣連高段者研究会　埼玉・解脱錬心館

全く情けなき立ち合いであった。先生の小手～面と打ち来るのが……わかるがすべて打たれる。小手打ちをせっかくうまく防ぎ、面へ反撃するも逆に面に乗られる始末。剣先もあまり利いているとは感ぜぬし、スピードもあるとは思えないが、じつはすっかり見られている、読まれている。われのあまりにも打たんかなの気配で間合をうまく取られ、遣われてしまったのではないかと反省。終了後、これを見られた高野武範士は「打とう打とうの気があり過ぎた」の一声。打たれてもともとと開き直ればよかったのか。

西山泰弘教士七段（東京）
昭和六十年三月十二日　夜
全剣連合同稽古会　日本武道館

戦後育ちの若い有望剣士。全日本選手権を制した剣風は明快、心地好い打ちに現われる。姿勢態度も良し。小手～面は西川範士流に似て少し速し。われ、しばしば打たれる。参った。全く素直によどみなく打ちに出る。わが正面打ちに対するすり上げ面もその間に応じ、引き技にする余裕を持つほどである。

反省
一、攻め強く、出る端への強打、剣先の強さを。
二、同じような技を二度続けて打たせてはいけない。八段挑戦なるも不合格と聞く。惜しきかなと思う。打ち当てるはうまいが、やや軽し。重厚性が出てきたらと思う。

佐藤貞雄 範士九段(東京)
昭和六十年四月十日　午前
川崎市消防助教研修会　犬蔵センター

微妙に変わる相互の心の働きはむずかしい。正面打ちはあまり大振りでなく先生の出端へ決まる。小手〜面は不発ながら、引いて面、その直後に出た面は決まった。今回は、先生の近間で振りかぶって大きな胴打ち、近間で攻めての面打ち（パンパンと打つ）を防ぐことができた。これは珍しい。不思議と思うほど打たれないで打てた。否、初めてか。

佐藤貞雄 範士九段(東京)
昭和六十年四月十七日　午前
川崎市消防助教研修会　犬蔵センター

わが打ちの有効無効を問わず、先生の面打ち、胴打ちを返し技も含めて打たれないよう心した。概ね手応えあり。正面打ち、小手〜面打ちなど有利に展開したと自負する。八十一歳の気迫溢るる立ち合いは有難く、打った打たれたを離れて心から感謝した。

佐藤貞雄 範士九段(東京)
昭和六十年四月二十四日　午前
川崎市消防助教研修会　犬蔵センター

立ち上がり、わが初太刀の正面打ち、先生、待ってましたとばかりにうまい出端小手。昨週と違ってその気迫凄し。永年の修錬の凄味見た思い。その後慎重に攻めつつ間合を少し詰める。かねて近間で正面をよく打たれているので、今日はここぞとわれ逆にかつぎ小手を打ち、決まる。思い切り懸かれるのは有難い。先生の打ち上手、打たれ上手を稽古の度に少しずつわかりかけてきた。

後記

この稽古、先生との最後となった。その後体調悪くお休み。たまにお見えになってもじっとご覧になられていた。気迫で体調を直し、また交剣の機あると信じて疑わなかった。病床に臥されたとの報を六～七月頃耳にして、署員ともどもそのご快復をお祈りし、またあのお元気なお姿をと願っていたが、無情にもついに適わず。残念至極。われ、一時は呆然自失の状態であった。一同ご冥福を祈り、教えの数々を守り、稽古に邁進することを誓った。先生八十一歳、われ六十二歳。

攻める押さえる乗るを忘れるな

今井三郎範士八段（茨城）
昭和六十年五月六日　午後
第三十三回京都大会立合　武徳殿

攻め合うことややしばし。先生のかつぎ小手を見、剣先を前に出し手元を押さえ止める。われ間を詰め小手を打つも不十分。また相手かつぎ気味、われ剣先にて咽喉をさっと突く。外れたるも相手打てず、分かれんとしたその分かれ際、われ打たんとする気に相手少々手元を挙げて誘う。われまさに出でんかなの瞬間、小手を打たれて「ボクッ」と音よく決めらる。その後一進一退、焦りあり。われ鋭い攻めで正面打ちに反撃すれば、先生これを心得た如く胴に返すも遅れ、不充分。二度三度と同じ。結局うまく胴に返される。同じことをしてはならぬという禁をおかして打たれるは当たり前、最後に近づき面を打ち不発、体当たりで相手を崩す。またもや相手返し胴、不充分と見て、われ続く面でやっと手応えを得る。

反省

われ攻め手を欠く。上から上から攻め押さえ、面に乗るを忘れた。打たれるを恐れた。捨てなければ通ぜず。相手を誘い出す手はなく、冷静さをも忘れ焦る。相手が上であった。

矢野博志 教士七段(東京)

昭和六十年五月二十一日　夜
全剣連合同稽古会　日本武道館

前半、剣先の争いしきり。われ我慢負けして正面打ちへ。相手待ってましたとばかりすり上げの面。われ辛うじてこれを防ぐも、体勢の崩れを覚える。続いて攻め小手打ち、わずかに不足。相手少々手を前にして防ぎ、タイミングよく面を決めて来る。またときに、われの面打ちへ返し胴もうまく決める。小気味良い剣は業師と感ず。後半、われも我慢してうかがう。間を詰め、相手の出でんとする端へ小手を、また小手~面を打てばよく当たる。少々お返しをした如し。待ってはいけない。攻め、間合がとくに大事。

反省

一、同じことを(パターン化)するな。
二、我慢をする、気力充実だ。
三、剣先の働き、攻める押さえる乗るを忘れている。

今夜は腹で打つことを勉強した。とくに後半、スピードや腕ずくだけでは駄目だと知らされた。この稽古に感謝。

永松陟 教士八段（東京）

昭和六十年五月二十一日　夜
全剣連合同稽古会　日本武道館

初めての立ち合い。剣先強く、正面、小手〜面と続けざまに来る。われ防ぐ。ただし小手打ちはなかなかうまく、再三決められる。われ、相手の剣先が見えぬのか、間が近いのかと一瞬思う。相手一打ち失敗するといえど次の打ちあり。竹刀越しとなり有効打に少々無理。片手突きも思い切りよく二本。わが剣先が下がったのを見てか。始めの一本は見事に決められる。二本目はとっさになやし面を決める。続いて思い切りよく攻めて正面打ち、十分な手応えあり。少々面目を保つ。

反省

一、飛び跳ねただけでは駄目。
二、若手とはもっと腹を使った剣道せねばならぬ。
三、攻め、気迫が不足。

楢崎正彦 範士八段（埼玉）

昭和六十年八月二日　午後
外国人剣士夏期講習会　埼玉・解脱錬心館

短い時間の立ち合いだった。暑さに負けずに中味は濃いものとなった。相手の剣先、やや振り少なく、不気味を覚えるほど。われ遠間より果敢に打つも通ぜず。逆に小手〜面と見事に割られる。われの悪癖（引いて）に呆然、遺憾とした。われ反攻、小手〜面の面を決める。相手諸手突き、これは充分承知、すり落とし気味に面へ。しかし少し外れ不充分だった。相手のかつぎ小手に危ない場面あり。

反省

一、気勢不足、これは大きなマイナス。思い切りなし。
二、面、小手〜面にいまひとつ勢いがない。サッとした面、小手〜面を。

片柳宗作教士八段（東京）
昭和六十年八月十九日　夜
全剣連合同稽古会　日本武道館

剣先よく利かせ、得意のやや小さく速い正面打ち、幾本か打ち来たりてわが面金に触れるが不十分。また近間から面、小手〜面を積極的に数多く打ち来るも不十分。しかし若手稽古らしくファイトに溢れ、われ少々浮き足立つほど。われ全般的に気勢不足、突くぞ、打つぞの攻め不足は相手に数多くの打ちを出させる結果となる。わが面、小手〜面も数少なく不十分で終わる。気迫の対応、許すなの気、われに不足せり。

岩崎兼三教士八段（東京）
昭和六十年九月十日　夜
全剣連合同稽古会　日本武道館

剣先で攻め、正面打ちを数本打って来るもあとひとつ迫力不足。しかし途中われ甘くなり気抜けしたか、正面打ち決められる。この後、われ少し強引に振りかぶり大きく面を打つ。近間からもスピードと馬力で打ったが、理合から外れた剣でよろしくない。無理打ちを反省。

内山真範士八段（秋田）
昭和六十年九月十日　夜
全剣連合同稽古会　日本武道館

先生の近間の打ちと少し遠間の打ちを、われ防ぎ切り抜けるも反撃なしはよろしくない。次に小手〜面の面を会心の打ちとする。それ以外は先生の近間の打ちを防ぐこと多し。近間からのうるさいと思うほど矢継ぎ早の打ちも押さえたが、あれで良かったのか疑問も。面打ちがもっと思い切りよく打てなくてはならない。無駄打ち多し、残念。

反省

反撃ができない、返し技が打てない。何となく先生のペースに嵌まっているようだった。防ぎに集中したとは思わぬが、わかりにくい対戦だった。

岩立三郎 教士七段(千葉)

昭和六十年九月十日　夜

全剣連合同稽古会　日本武道館

若手の警察官。わが小手打ちをその場でくるりと回した如き防ぎは特異に感じた。しかも反撃は速くそのまま面を打つ。これはうまいと思う。遠間からの若手らしく癖なき打ちに好感。われも比較的遠間より打って出ると決められた。これからが楽しみの剣士。

加藤浩二 教士七段(東京)

昭和六十年九月十日　夜

全剣連合同稽古会　日本武道館

相手、無雑作にわが小手を打ち来る。しかも内小手をねらう。わが手元下がるためか。これも若手剣士。多くをどんどん打つタイプ。特異の剣士と見る。われ攻め、間を詰めながら正面打ちを幾本か打って出ると決まる。相手、打ち数多しの感あり。

山内富雄 範士八段(東京)

昭和六十年十一月十九日　午後

日本大授業時　大学道場

久しぶりの立ち合い。間合の近い攻め合いで、われから打って出る。打たされたかとも思う。わが小手～面と面は、押さえ小手でさばかれる。返し胴は何とか体当たりで防ぐ。われ、かつぎ小手を決める。先生の手元少し浮くところ小手を打てた。しかしサッとした正面打ちは、なかなか決められない。逆に先生にサッと間に入られ、小手～面とうまく乗られた。われ打って出るとすり上げ面を打たれる。わが構えの手元低くなるところを上側から内小手、ポンと軽く打たれた。思い切り悪い打ちを反省。

中村伊三郎範士八段(東京)
昭和六十年十二月二日　夜
全剣連合同稽古会　日本武道館

時間が少なく残念だった。先生の一足二刀の変則的打ちも、われ間合を引いて防ぐ。そこを出ると打たれるを経験できた。先生の攻めからの小手打ちは速く、機会、拍子ともによく、われ小気味よく打たれる。遠間からの思い切りの正面打ちはたったの一本ながら手応えあり。小手～面と打って出るは、うまく胴へ返される。もう少し防ぐ前に攻め崩し、捨て身の遠間からの打ちが出ないのは遺憾とした。

十、只管稽古、生涯錬磨——（昭和六十一年〜）

相手の起こりを知れ

大野操一郎範士九段（東京）
昭和六十一年一月十八日　朝
日体大寒稽古　大学道場

終わりに近く短い立ち合いとなった。
われ正面打ち、先生返し胴、われ心得て手元を下げて防ぐも反撃できず。かつぎ小手はうまく決まった。続く近間と引き際の面も当たる。それにしても先生、間合を詰めての小手打ちはうまい。返し胴も見事だ。われ攻めて遠間からの正面打ちを決めたいが、なかなかできず。先生八十五歳とお元気。若者相手に平気で稽古されるには感銘せり。

教え（全学生へ）
高野佐三郎、持田盛二両範士の剣風について少し。足軽剣道では不可なり。将軍の如き堂々たる構え、これをやる。八十三〜八十四歳で稽古をやめられた持田先生に、私は生涯一本も当たらなかった。四年生の中に四段になれないで卒業する者がいるが努力、執念がなく勉強不足。ただ単に稽古するだけの者は将来のびない。教えの本などよく読み、自分で勉強することが大切。もちろん稽古を人より多く心掛けることも必要であると。

山内冨雄範士八段（東京）
昭和六十一年一月二十日　朝
日体大寒稽古　大学道場

剣先の争いしばし。われその場で先生の小手を上から打ち間を置いての正面打ちは決まった。初太刀をいただいた。わがかつぎ小手も、出端面も手応えあり。先生の正面打ち目に映じ、これを防ぐ。見事な返し胴を打たれる。

今日の出来、われながら驚くほど良い。この攻め打ち（間合、機会）を忘れるな。気力も満ちていた。

中倉清範士九段（東京）

昭和六十一年一月二十五日　朝
日体大寒稽古　大学道場

じっと剣先を合わせていただく。互いに間合を少し詰める、われ打たんかなの刹那、先生色なくパァンとわが面を割る。呆然。気を持ち直す。先手をかけることに集中するわが剣先に、先生左足前の胴打ちで苦もなくわが懐へ入られる。われ防ぐに精一杯となる。分かれる。ここは注意しないといけない。先生の相手を休ませない姿勢明らかである。この後、先生出でんかなの機、その端へここぞと面を決めた。われながらよく出られたものと思った。先生さっと作戦を変えられる。間合に入り、わが手元を押さえ打てない状態にする。われもこれに応ずるかたちで動くも、双方技が出ない状態に。

この後、打ち込み懸かり稽古、切り返しで終わる。今まで分かれの引き際でよく小手を打たれたが、今回は一本も打たれず良しとする気分あり。先生の迫力は凄かった。

先生講話（有難く拝聴する）

一、面を打とう打とうとする攻めは、その気配が動作に表われる。色をなくしても充実した気で打てる、と……。

二、小手を攻め（おびやかすの表現）面を打つ必要もある……。

佐藤毅範士八段（新潟）
昭和六十一年二月二十日　午後
全剣連高段者研究会　埼玉・解脱錬心館

剣先の争いから、われ攻め乗って面を打ち、うまく当たる。足さばきの良い先生の打ちを充分警戒した。わが面、小手～面はスムーズに打てた。

どうしたことか。打とうとする心を極力押さえ、その気配もなきよう対した。上から乗っていたことが、剣先の働きとなって先生の攻めや打ちを封じたかたちとなったかも知れぬ。しかし途中の安易な正面打ちでは小手を押さえらる。気迫によって乗れた。

鶴丸壽一範士八段（兵庫）
昭和六十一年二月二十日　午後
全剣連高段者研究会　埼玉・解脱錬心館

われ、先生の構え下がるところ間を詰めながら内小手をパンパンと打ち、面に渡ると決まる。打ち気はつとめて隠す。ただ剣先だけは強く攻め、力みなくパッとした打ちを心掛ける。小手～面も手応えあり。面の一本打ちは不十分、返し胴を打たれる。先生の片手面などわが目に映じ、打ち落として防ぐ。先生の態勢崩れるほど。先生はほとんどサッとした面打ちもなく小手も打たれず。今までと違いいかがしたことか、不審に思ったほど。

石原忠美範士八段（岡山）
昭和六十一年二月二十日　午後
全剣連高段者研究会　埼玉・解脱錬心館

立ち上がり、少し間をおく。先生の左片手気味の面わが頭上に。意表をつかれ、呆然と打たれる。全くなすすべなし。防ぎも反撃も出来ぬを反省。われ強く攻め面を打つも、うまく間を切られ届かず。さらばと先生の左への動きに合わせて、大きくかつぎ小手を打つ。見事な手応えと思う。先生小さなジェスチャーで参ったと。先生がその後うまく体を乗せて打ち来し面は、ややタイミングのずれもあり、わが頭上に決まる。わが心は完全に押さえられている。小手~面も不調。下側からの攻めで、先生の手元を上げさせて打つ小手も決まらず、攻め手を失った。先生強しを厳しく思い知った。

反省

一、相手の起こりを知れ、攻めて打て。

二、相手の打ちを見るな、引くな出ろ、防ぐすぐ打つ。

三、間合を詰めろ、相手の手元を押さえ、乗れ。

西川源内範士八段(奈良)

昭和六十一年二月二十一日　午後

全剣連高段者研究会　埼玉・解脱錬心館

今日はとくに表情をおさえ打ち気をかくし、無理で強引な打ちを押さえ立ち合う。気張りさえ尽くしていれば対応が少々適ったと認識できる。

先生の打ちを防ぎ、近間に入られず、したがって打たれず、われの打ち失敗するといえども先生の懐へ入ることができた。今日の打たれず（鍔ぜり合い）は心の持ちようとして上々と覚える。

しかし、先生の攻めあるかなきか、不明のままで小手をパッと打たれる。全体がつかまえられないもどかしさ。禅を学ぶ先生との違いか。

松本敏夫 範士九段（兵庫）
昭和六十一年二月二十一日　午後
全剣連高段者研究会　埼玉・解脱錬心館

今日はたとえ打たれても、強引な無理打ちはせぬよう押さえて立ち合う。近間、縁の切れ目など先生のサッとした打ちを警戒する。わが思い切り体を投げ出しての打ちは、面、小手～面ともに打つことができたと自負する。終わり頃、返し技を一、二本打たれる。気攻め不足か、反省あるも前回と比して気分的には打てた一戦となる。強引に打とうの気分をなくして、この大先生に少しばかり通じたのは有難かった。

廣光秀国 範士九段（福岡）
昭和六十一年二月二十一日　午後
全剣連高段者研究会　埼玉・解脱錬心館

激しい攻め、打ち数も少々多いと前者とのやりとりから拝見していた。われとの立ち合い、やはり厳しい剣先、打たんかなの気を感じる。われ積極的に正面打ち、小手～面打ちと先の打ちを仕掛ける。わが剣先で押さえ打つは手応えを感ず。先生の打ちに対し、手元を押さえしのぐこと数回。先生攻め方を変えて間合を切る（遠間）。守りの態勢か。われ気力で手元を攻め浮かして打たんと図るも、間を詰められ、わが出端の小手、返し胴に決められる。われ誘われた如し。しかし今までになく良い感触もあり、嬉し。

今回、解脱会の稽古は「色なく打つ」を心掛けたが、心証良好なり。

片柳宗作 教士八段（東京）
昭和六十一年三月三日　夜
全剣連合同稽古会　日本武道館

今回わが攻め甘かったのか、相手強い攻めでキビキビした動き。小手～面、引き面、引き小手と積極的に打ち掛かって来る。少々打たれた場面は、この甘さゆえと反省する。われ、出端の小手や返し胴でしのぐが、これはよろしくない。堂々攻め勝って打たなければならぬ。面を決めることが大切だ。

塩崎春雄 教士七段（愛媛）

昭和六十一年三月三日　夜
全剣連合同稽古会　日本武道館

日体大同期生、遠くから来たる。同期なるも遠慮なく立ち合う。彼の打ち間はかなり近く、打とう打とうが先立っている。彼の得意、遠間からのパアンとした正面打ちが出ないようだ。足が出なくなってきているのか。

地方稽古で、間合を詰めた近間の稽古が多いせいで、こうなっていやしないか。元立ち稽古ばかりが多く、上手へ懸かる稽古がだいぶ不足しているようだ。近くで小手ばかりでは、八段は無理だ。われつとめて遠間から面や小手～面を打ったがわかってもらえたか。遠間の稽古、懸かる稽古をアドバイスしたが、頑張れの声のみはいささか淋し。松山市の朝稽古など参加するには遠い、距離的に無理。商家の経営とめぐまれない稽古の環境では、無理はいえない。かつて全日本東西対抗戦では西軍選手で優秀選手に選ばれているだけに惜しい。このまま終わってほしくない。あとで本人も懸かる稽古の不足は自覚しているといっていた。ここを何とかすることだ。上手に懸かるのが本当に大事なのだ。

打つぞ突くぞその攻め足りぬ

園田政治 教士八段（大阪）
昭和六十一年三月二十二日　午後
明治村大会前日稽古会　犬山市体育館

なかなかに勘の良い打ちで試合も上手。馬力もある好剣士である。攻め合い厳しく、相手先手の面打ち、われ押さえ小手とする。これは会心の打ちと自負した。われも攻めがあってできた技、相手の面打ちは失礼ながらやや少し左側より打ち来る感じ、自分の小手をカバーしているのではないか。われ、小手～面、面があまり打てず。

林義春 教士八段（滋賀）
昭和六十一年三月二十二日　午後
明治村大会前日稽古会　犬山市体育館

剣先を下げ、相手の出方をうかがって、機と思わば正面を打つ。この方は面が得意で大柄の使い手であった。われ剣先にて上から押さえ気味に間を詰め、相手を出させ、返し胴を決める。また分かれ際、相手引くところを追い込むかたちで面も打てた。翌二十三日、本大会でこの方得意の面を駆使し、立派な出端面を有効打として優勝された。ほとんど色のない面には全く感嘆する。お祝い申し上げる。

西野悟郎教士八段(高知)
昭和六十一年三月二十二日　午後
明治村大会前日稽古会　犬山市体育館

姿勢、態度、構えなど立派。打ちも態勢崩れず終始良い感じ。わが小手～面を出端小手で決めるは見事。しかし近間での打ち、面、小手～面が多すぎるとも。願わくは、間合を取り、攻め打ちの勝負をしてほしい。

吉村正純教士八段(鹿児島)
昭和六十一年三月二十二日　午後
明治村大会前日稽古会　犬山市体育館

動き、機を見ての打ちはなかなか良く、試合上手をうかがわせる方である。相手の出端への打ちを、われよく小手に押さえることができたが、思い切った仕掛け技の面が不足したのは残念。打たれまいの気が出過ぎたのではないか。打ち切る稽古をすると反省。試合の駆け引きが先行したのではないかと悔やまれる。

楠元忠雄教士八段(鹿児島)
昭和六十一年三月二十二日　午後
明治村大会前日稽古会　犬山市体育館

攻め合う。相手大きく振りかぶって正面打ち。その出頭へスムーズに出たわが面は速し。手応えを得る。相手大きく打つは良いけれど、その出端が少々判然とし過ぎて、ここをねらい打たれると思った。

岡田嘉一教士八段(東京)
昭和六十一年三月二十二日　午後
明治村大会前日稽古会　犬山市体育館

わが攻め打ちに剣先を中心線より外さず、しっかりしておられる。われ攻め崩し(気迫を込める）打ちに出ることが必要であった。

井上義彦教士八段（静岡）
昭和六十一年三月二十二日　午後
明治村大会前日稽古会　犬山市体育館

長身でじっと溜めた打ち真っ直ぐで、相手の出端へ面を打つ。なかなかしっかりした方で、崩れず立派だと思った。われ、下から攻め上げる。相手の手元を浮かせながら小手を数本打つ。われの打ち、攻め勝ったと自負した。失礼ながら、相手いまひとつ攻めつつ打つ稽古、攻め返しもあってよいのではないかと思った。剣先の働き少々疑問。われの打ちに反撃か反応なしで思う。

中村薫教士八段（愛知）
昭和六十一年三月二十二日　午後
明治村大会前日稽古会　犬山市体育館

剣先を利かせ打つと見せて打たず、少しでも攻めゆるむと思い切りよく打って出る。なかなかに難しい竹刀さばきの方。われその攻めの出端へ面を決めるも、ここのところ大切と感ず。

奥園國義教士八段（大阪）
昭和六十一年三月二十二日　午後
明治村大会前日稽古会　犬山市体育館

手元なかなかにしっかりして、鋭い小手打ちがうまく、面、面などよどみなく連続技を打ち出す剣士で、足さばきも速い。あまり時間なく、双方決定打なく終わった。あと少し時間がほしかった。

村山慶佑範士八段（兵庫）

昭和六十一年三月二十三日　午前

第十回明治村剣道大会　無声堂

一回戦

攻め合う。少々長い時間、われ打ち気先立つ。相手もじっと機をうかがう。我慢強く出て来ない。相手の面打ち当たらず。続いて小手〜面と打ち来るを、われ引きながら胴へ返すも軽し。攻め合う。相手積極的、大きなかつぎ小手。われぐっと前へ出ながら手元を押さえ止める。反撃せず、慎重しすぎと反省。われ攻めて小手打ちに出るも、相手わが手元を押さえ打たさず。そして浅い間合から分かれ気味、一歩引き際、相手素早いかつぎ小手をパアンと放つ。タイミングのよさ、強い打ちは完全。参った。一本先取さる。息を吸うわれ、相手上手なり。

二本目に入る。われ打ち気になり、かつぎ小手放つも少々深すぎてならず。焦りから面打ちも不調。あと機会なく時間終了。相手、試合巧者と映る。

反省

一、かつぎ小手の差、われは速さ、間、強さ、拍子などに劣る。

二、積極性不足、近間からの突きをなやして面打つも、気負け、手先、面金。思い切りなし。

三、打つぞ突くぞの攻め不足。

四、無駄な動き、打ちはなかったと思う。

斉藤弥三郎教士八段（東京）

昭和六十一年四月十八日　夜

全剣連合同稽古会　日本武道館

時間不足のゆえか、この方は一度も攻め打ちなし。待ちの使い手であろうか。われは少ない時間を意識して積極的に打って出る。相手「面返し面」を二度三度とうまく打ち、われ打たれる。無理をして打つことはないと思うは後の祭り。われ自己ペースを忘れていたか知らないか、いずれにせよ恥ずかしい。次回機会あらばと心が残った。

中澤芳雄範士八段（大阪）
昭和六十一年五月六日　午後
第三十四回京都大会立合　京都市武道センター

双方打ち合う。相手の小手打ち、われのかつぎ小手、面などともに不充分。近間で相手少々数多きは無理打ちと思う。終了間近も間近、相手振りかぶらんとするその端へわが剣先まるで吸い込まれるように諸手突きが決まる。無心とはこのことかと。われには今までにない経験である。この経験は忘れられないことであろう。有難い一戦であった。（立会小笠原三郎範士）

鬼倉国次教士八段（千葉）
昭和六十一年六月十三日　夜
全剣連合同稽古会　日本武道館

前半、先生我慢強く打たず。われしびれを切らして攻め入り、面、小手〜面と連続で打ち手応えを感じた。ただ構えて反撃なし。後半は少し打ちが見られた。ご昇段され、全体として何かしっかりされた感深し。

斉藤弥三郎教士八段（東京）
昭和六十一年六月十三日　夜
全剣連合同稽古会　日本武道館

立ち合いは二ケ月前と同じく終了間際となり約一分三十秒か。また先生前回同様、ほとんど待ち剣である。あまり無理をせず、数本攻め打ちに出た。私流の判断ではあるが可もなし不可もなし。しかし今夜は相手に一本も返させずに終わった。

最後の一本にすべてをかけて遠間から大技の面、確かな手応えがあり、収穫であった。

役員審判員による稽古会

昭和六十一年十月十三〜十五日
第四十一回山梨かいじ国体朝稽古会
富士吉田市信玄道場

審判主任で参加。終日椅子に座り放しの状態、両膝関節炎の痛みを持つため助かった。

恒例の役員、審判員による朝稽古があり、道場に立った。自分でも少々無理な状態と思ったが無理を押した。やせ我慢で苦しんだ。足をかばう内容だった。

市川彦太郎範士は、役員で見えられて、見かねてか「だいぶ足をかばっているが、無理をせんで見ていてよいから」と初日に有難いことば。私は、何とか頑張ると心に誓って立ち合った。何とかやり終え、やればできるという自負心と、かばった内容では相手をしていただいた先生方に悪かったという気持ちが交錯した。またあとになり打たれた数々はためになった。あのとき多くの剣士に打たれた残念さと同時に感謝の気持ちが忘れ難いものとなった。

お相手をいただいた先生方は、次の通り（順不同）。

岡憲次郎、地頭江徹郎、村山慶佑、松本明正、松和芳郎、賀来俊彦、岡田保雄、林義春、翁長良明、森山衛、宮本忠彦、荻野寿明、久保川忠義、平野一雄の各先生ほか。

反省

一、先の打ちがほとんど出ない。
二、応じ技も受け打ちがその場で、しかも遅れていた。
三、中心を攻める、押さえる、剣先を外さない、それがほとんどできない。真ん中を破られ、打たれている。日頃からやらぬから、やらぬことはやれぬであった。先の技も応じの技も足が使えない。左足の踏ん張り、蹴りができない。したがって踏み込むことなどできるはずがない。稽古は足が大切と再認識させられた。

攻め返しを会得すべし

滝澤光三範士八段（神奈川）

昭和六十二年一月二十日　朝
日体大寒稽古　大学道場

今朝は驚くほど良い立ち合いとなった。攻め合う。初太刀、ススッと入り、先生の打たんとする端へ面を放てばうまく当たる。先生得意の切り落としに会わずにすむ。二本目も同じで気を良くする。われ剣先を動かさずそのままであったのが良く、また先生の出がわかったので機会が良かったと思う。先生少し慎重になり、機をうかがう。先生、間を詰め、大きめの面に来るを防ぐ。われ、そこの居つきをとらえ、小手を打つ。また決まった感じである。

最後に、先生間を詰め来る端へ面を打つも、これは見事に小手を打たれる。終わりて挨拶するわれに「今日はなかなかよく遣いましたね」と先生、珍しくも有難い一言。

反省

一、パンとした踏み込みの迫力ある打ちが遠間から打てざるは残念。

二、昨年八月下旬から右膝痛のぶり返しで不調。しかし逆に慎重になり、無駄打ち、無理打ちを極力押さえた立ち合いとなり、相手を前でつかまえての打ちが功を奏したのではないか。

小森園正雄範士八段（千葉）

昭和六十二年一月二十四日　朝
日体大寒稽古　大学道場

久しぶりのお願い。しばし攻め合うも激しくなり、それが打突にも現われ、双方の仕掛けと応じが繰り返された。先生激しく剣先を利かせて間に入り来るを、われ出端面、素直に打って出た。続くわが小手打ち後、少し間をおいて正面打ち。よく当たったと思う。われ、かさにかかって、先生の小手をおびやかす。先生手元上がるをとっさに小手を決める。時間切れで、あまり先生からの反撃もなく終わる。足膝痛もあるが、無理打ちなくて立ち合うは良しとした。小手〜面が打てないのを遺憾とした。

西川源内範士八段（奈良）

昭和六十二年二月十九日　午後
全剣連高段者研究会　埼玉・解脱錬心館

われの果敢な小手〜面などを先生なかなかによく見て防がれる。攻めあぐねる。攻め争いの中で、われ近間にならんとする一瞬を、先生パッと先の小手を鮮やかに決める。焦りとともにわれ後退、しかし昨年ここで小手〜面、色なくよく打たれたが、今回一本も打たれざるは疑問となる。われ終わり近く大きく振りかぶり、ゆったりと感じる正面打ちを放てば、ガバッと当たる。また近間での攻め合いも我慢し、面払う。先生手元上がりしを打てば、小さくもわれの打ち決まる。先生の我慢強さ凄し。さて、このわが打ち、案外打たせてもらったのではないかとも思えるが、どうであったか。

森島健男範士八段(東京)
昭和六十二年二月十九日　午後
全剣連高段者研究会　埼玉・解脱錬心館

先生攻めてパッとわが小手を打つ。鮮やかに決まる。完全に虚をつかれた。あるいは気負けか。わが攻撃は小手、面なかなか決められず。先生の面打ちに来るを打ち落とすも、反撃できずに過ぎる。裏から捨て身で放った面打ちは、届くも体が崩れて残念な一撃となる。少々近間でのわが小手打ち、やっと手応えを感ず。

西善延範士八段(大阪)
昭和六十二年二月十九日　午後
全剣連高段者研究会　埼玉・解脱錬心館

厳しい攻めだった。われじれて正面打ちに出るも届かず。分かれ際、小手を再三打たれる。関西の先生の実にうまい特徴は、相手が気を抜きかけたところ上から鍔元を軽く押さえて打つことと思われる。相手の反応をうまく利用されている。われの打ちし面、小手〜面も再三決定打とならず。先生の攻め打ちに対しては何とか打たせない、打たれないで終わったが、終始気の張りつめた苦しい立ち合いだった。

反省

我慢、我慢ができぬ。結局攻め負け。攻め返しをしっかり会得すべきと思った。

菅原恵三郎範士九段（北海道）
昭和六十二年二月十九日　午後
全剣連高段者研究会　埼玉・解脱錬心館

先生、昨年五月九段ご昇段。その後初めてのお願いである。

先生激しい攻め、私も劣らじと闘志をかき立て緊張は格別。間合の詰め、先生有利。失礼ながら先生小柄でわれは大、乗った打ちは出端をねらって面に届く。先生間もなく上段を執られる。先生の構え上げる際、われ面へ打つも通ぜず。続く攻めからのわが片手突きは胸飾りへ。先生の面打ちに対し、すり上げての面も返し胴も決まらず、中段に戻った先生の構えに、われのかつぎ小手全く通ぜず残念。腕の相違は覚悟とはいえ遺憾である。ただ近間での先生のかつぎ小手、手元を押さえて打たれぬ防ぎができた。余したり引かないから、気迫の賜物。

神尾宗敬範士九段（熊本）
昭和六十二年二月十九日　午後
全剣連高段者研究会　埼玉・解脱錬心館

先生攻め打ちの反撃なしと察し、われ思い切って一気に小手をおびやかし面へ。少々の手応えあり。ほとんどこの手で小手～面へといく。しかし防がれること多し。先生の返し胴はわれの面が先で、後打ちではないかと失礼ながら感じた。

佐伯太郎範士八段（福岡）
昭和六十二年二月十九日　午後
全剣連高段者研究会　埼玉・解脱錬心館

攻めてから捨て身の正面打ちにいけば、先生引いて余す。わが剣先が届くと、先生の剣先わが咽喉にあり。しかし、わが面が先であったと失礼ながら自負する。先生からほとんど攻撃なく、日頃の素早い打ちなど見られず。ただ一本、わが面見事に割られたのには参る。

感想

今回もこの研究会へ参加。そのうえ有名な大先生方への挑戦稽古は、反省点多く、大きな課題となった。しかし打つ、打たれたを乗り越えた気がする。心の不足もあるも、ただただ有難く、次への誓いを新たにした。これが最後となった大先生方への稽古もあり淋しい。

充分ならずも立ち合い無心に近し

柴田節雄範士八段（北海道）

昭和六十二年四月二十九日

全日本剣道八段選抜優勝大会　福岡市民体育館

一回戦

双方剣先での激しい攻め合い。

われ思い切り攻め、上側から小手～面を打つ。竹刀は相手の左肩へバクッと当たる。相手は頭を右へ傾け防ぐ。これでわれ気分的に焦りがなくなった。後、相手も積極的に小手を打つ。鍔ぜり合いから引き小手も放つ。分かれ際の追い込んだ面打ちもあり。われもこれに応じたやりとり多く、勝負つかず延長戦に。延長二回、体力的少々負担を感じたが、相手の手元上がりかけを、小手で決めた辛勝の一戦。

井上晋一 範士八段（京都）

昭和六十二年四月二十九日
全日本剣道八段選抜優勝大会　福岡市民体育館

二回戦

攻め合い激しく続く。われ先をかけて小手〜面を打つ。また正面打ちも余されて空振り。相手もかつぎ小手、それに対して面を攻撃するも決まらず。混沌たるやりとり続く。相手、近間にて分かれからのかつぎ小手、うまく打たれる。得意技を承知しながら、分かれ際の不注意を遺憾とした。

反省

われも少しはかつぎ小手を打つが未だ不完全。打たれて覚えること身にしみた。

二本目、われ何とか返そうとするも間に入れず、打ちも消極的になる。時間切れで敗けとなる。

一〜二回戦振り返って

一、かなりの打ち合いも迫力を欠いた。

二、われ小手〜面打ちは少し出るも、一本打ちは出ない。打って抜けるような打ちをしたい。体のさばきなし。

三、相手からもあまり面打ちがない。これはやはり、勝敗にこだわるゆえか。

四、気迫あふれる内容からほど遠い試合になったのは残念。

長崎正二郎 範士八段（東京）

昭和六十三年一月十日　午後
興武館稽古始め　東京興武館

攻め合いしばし。かつぐようにしながらわが間合へ。われ、剣先を相手手元へのばし打ちを押さえ、出足を止める。離れる。打ち間へ入るやわが面、自然に打って出る。相手の面へ届く。明らかに動揺させたと見た。次いで間合に戻るや、わが小手〜面またもや素直に打って出る。正月、稽古不足のこの機、われながら驚くこの打ち。昨年来の右膝悪しき中で、いかにしてこのようにできたか不思議。相手、得意の色なき片手突き。苦にならず、なやして面へいく。充分とはいえぬも届く。この立ち合い、言い過ぎかもしれぬが、無心に近し。

中倉清範士九段（東京）

昭和六十三年一月二十日　朝
日体大寒稽古　大学道場

久しぶりのお願い。先生、私ともに膝悪しき状態。先生七十七歳、われ六十五歳。少々迫力不足。従前を考え立ち合った。先生、しきりに近間、近間へと入り来る。われ剣先で手元近くを押さえつつ機を見て面へ。その面の攻撃は通じた。先生、体を左に開いての左片手面も、われそのさばきよく映じ返して逆胴を打つ（前はよく打たれた）。少し時間の経過あって、先生強引とも思える胴打ち。それを上から払い面へ攻撃。時間短けれどよく動きが見えて打てし立ち合い。

先生、しかし間合へ入られ、気迫の剣で攻められる。ときには壁際まで追い込まれる場面があった。この気迫を学ばん気持ち常の如し。切り返しで終わる。

大野操一郎範士九段（東京）

昭和六十三年一月二十三日　朝
日体大寒稽古　大学道場

久しぶりのお願い。八十六歳の先生お元気である。先生、攻め間を詰める。われ打たれるを気にし引くは不覚。しかしこの間合を利して正面打ち、小手打ちと思い切る。間合近しでパアンとした打ち、ときどき手応えあり。近い間なれど踏み込み飛べて打てるを驚く。

反省

老いとは、衰えとはいかに。修行へ挑戦。只管稽古、生涯錬磨、ともになかなかに難しいと感じた立ち合いだった。

八木謙一 範士八段（滋賀）

平成元年五月六日

第三十七回京都大会立合　武徳殿

始め、先生攻めも間合もなきが如く面に打ち込んで来る。われ応じ返し胴へ（逆胴へも……いかにしてか）。押さえ小手。また突っ張りで出足を止めるなどあり。攻め勝ったゆえか、前へじりじりと出る。相手の打ちにも引かず反撃が可能だった。攻め合う。われじりじりと前へ、小手～面も思い切る。やや不十分。相手少々焦り、手数多し。前回も手数多く懸かり来るを思い出す。押さえの小手もその音また良し、気分も良し。膝痛右も左もあるも何とか恥ずかしくない立ち合いができたと感謝。

京都大会雑感

本年より全試合東西二会場で実施。女子試合も入る。例年の如き気迫が欠けたのは、試合場が広くなったゆえか。練り不足で当てっこ剣の多さか。高段範士のただ叩くが如き内容はいただけない。じっくりした緊迫、重厚さ、気品少なし。審査も八段、五十有余名中二十名合格。六、七段、十～十一％と低調は淋しい。まず気剣体一致の技能不足か、ひとえに稽古不足か。

十一、補遺——(忘れられないことども)

神奈川県剣道研究会

高野弘正範士八段（神奈川）

昭和三十四年十月二十一日　午後六時三十分

神奈川県剣道研究会　旧県立武道館

戦前戦後を通じて初めてお願いする。

打っていくと小手を押さえられる。間合を切るとグイグイと剣先で攻め押して来る。強引さはないが、どうにもならぬので、むちゃくちゃなかたちで打って、息も切れ切れ切り返しで終わった。あまり身長は高くないが、全く打たせてもらえず、手も足も出なく参る。強い。始まって間もなく、のどがカラカラにひっつくようなのは学生時代以来だった。無理な稽古でなく、すべて品位が高く、動き打ち無駄なく、そしてうまい。凄い、立派な先生の印象強く残った。

一、武道場がすべって、打ち込めぬほど困った。

二、負け惜しみではないが、体力の無さは大きな反省。すべろうがすべるまいが、先生も条件は一緒。

三、この会は四年ほど続いた。週一回目安の開催だったが、いかにして閉会されたかわからぬ。以降の稽古もこんな調子の繰り返しで参った。上には上ありで驚きだ。感銘は深い。

井上研吾教士七段（神奈川）警察師範
昭和三十四年十月二十一日　午後六時三十分
神奈川県剣道研究会　旧県立武道館

体格もがっちり、なかなか迫力のある攻めだった。

剣先を下げ気味に攻め、出る機会をねらって面を打って出ると、まぐれ当たりか打てる感じだった。

また、小手を少しかつぐようなので、これも打てたが、案外打たせてくれたのかも知れぬ。

私は元気で調子も良かったが、長続きは無理ですぐ息が上がった。上手に懸かるは不足。稽古量も足りない。

反省感想

研究会は完全なる武道としてとらえている、高野先生は、そう明言している。形も厳しい。私は教員で、文部省ではスポーツとしてとらえている。一般は武道だ。学校はスポーツだ。一元化しないのは妨げになる。私は閉口だ。どうしたら並立できるのだ。

剣道の最後は心の問題である

山内富雄範士八段（東京）
昭和五十四年二月五日　夕
日体大卒業生送別会　本郷記念館

講話（卒業生へ）

剣道は、切るか切られるかのものである。命懸けの道である。人間形成という理念のもとにいかに精進せんか。この姿勢が一番大切である。今日はこの一番大切な部分が曖昧になっている。ただ単に競技人口の増加ばかりを喜んではいられない。

命懸けの精進を重ねていくにしたがい、最後は心の問題となり、人間形成へと突き進むのである。いま、われわれの剣道にはここが一番大切である。

倉澤感

同感なり。剣道は外来スポーツと違い、レクリエーションから発展してきたものではない。内容はまるで異なる。この特色を忘れていくような剣道は許されない。「堕落」である。外国人が求めている剣道は、スポーツでない剣道である。スポーツでない剣道とは、生易しいものではない。命懸けの道である。女性も男性も剣に違いはない。正しい剣へ進むことは、勝負本位に傾くこととは本質的に異なる。

範士の授与について

昭和五十六年五月　京都大会後

京都大会が終わった。今年も十三人の範士が生まれた。永年のこれらの先生方の努力に深く敬意を表するとともに、今後一層のご発展を祈るや切なり。

さて、この称号授与の中味は個々について含むところさらさらなしである。しかしいったいその基準性なるものは何かと、少々の疑問を感じるところが多くあり論じたい。

一、年齢順なのか否かが判然としない。こんな「枠」のようなものはないのではないかとも思え、今回も首を傾げたくなる思いである。

二、京都大会の試合を参考にする。過去の成績や日常稽古や取り組みを本当に把握されているかいかがか。今回の中に、京都大会ももちろん過去の実績や日頃の各取り組みも充実されておられる方が落ちて、その反対と思われる方が合格している。噂も耳にする。

三、同時期に昇段、称号、年齢、ご活躍がほとんど変わらないのに大きな差はいったいどんなふうに選ばれたのか。

四、外部からふさわしく範士に当然なれると思う人が外されている。剣そのものの力は立派だと思われるし、この外されている人の同期や年齢等がほとんど同じ方々は数年前に昇格されている事実は何なのか。各県で推薦はいかがか。他に落とす理由はとくに徳操高潔という条項の事実はいかがか。審議員会は何をされておられるのか甚だ疑問。

五、京都大会にたまたま不参加、体の具合からか、その他都合悪しくか、でも昇格されている事実はどうなのか。試合も芳しくない事実は、評価の対象とすべきであるのか、全くそこが不明である。京都大会に出ることは大変大切だと思われているし、参加者もそう思って多くが無理している。いったい審議員会、ひいては全剣連は、会長は？　とお聞きしたい。

六、根本を揺るがせるような称号、段位制度の在り方はいったいこんなことで良しとするのか。根本的に公明正大ガラス張りであってほしい。委員会を創って支部剣連などの意向や多くの識者の意見も聴いて概ねの人の了解も得、時間をかけ機関決定をしていただきたい。甚だ残念な事態である。問答無用の如き運営は堅くさけるべきだ。

佐藤貞雄先生の教え

川崎市消防局内各署対抗試合での佐藤先生のお話
初段～五段の対抗試合
年月日、場所不明

一、不利な条件を課して稽古。
二、迷ったらまず切り返し、懸かり稽古。
三、攻めを知り、機会をつくる。
四、頭でわかることより、体手足で覚える。
五、自分の剣道を知る（自覚）。
六、強いということは自分の型、得意技を持つ。
七、根性だけでは勝てない（反省、工夫、励む）。
八、作戦は緻密に、行動は大胆に（細心大胆）
九、原点に省み脱皮する（初心大切に）。
十、やさしい技から仕上げていく。
十一、「タメ」で打つコツを覚える（気）。

十二、攻めから守りにいつ変えるのか。
十三、相手の癖は剣先で知る。
十四、心の乱れは足に手に出る。
十五、打たれると思ったら打って出る。
十六、他人の稽古をわが身になって考える。
十七、同じパターンは大きな墓穴。
十八、隙のみを打たずに他を打って出る。
十九、面打ちは「はずみ」をつけずに、ためらわず（自然）一気に。
二十、小手打ちは鍔もろともに打つ。
二十一、突は思い切って前に出る。
二十二、前に出ること。小手打ち防ぎもみな前へ出る。
二十三、防ぎも前へ出ながら返す。引いて返すのは従だ。
二十四、攻めに引くも可、打ちには（受け、防ぎとも）前へ。
二十五、攻めも攻め返しも気分は乗ることなり。

韓国学生剣道日本遠征試合観戦記

昭和五十九年八月二十八日　午前
日本体育大学剣道場

隣国とはいえ、あまりにも交流の機会少ない各選手の活躍を拝見できた。興味深く見守る。暑さに強い韓国選手の活躍目立つ。

良しとする点

一、機会を逃がさない。
二、打ち鋭く速い。数多くの打ち。
三、有効打への執着、決め方。
四、不利な態勢になったとき及び追い込まれたときの攻撃。出端小手、自らの引き小手と積極性が光る。
五、居つきと見るや、遠間、近間を意に介せず打突する姿勢。
六、体力旺盛抜群。足さばき、動き激しい。休まない。

悪しきとする点

一、全体的に打ちの軽さ。近間での単なる数打ち。
二、引き小手の手首の返しがない。冴えが不足。

三、打突へのなりふり構わぬ姿勢の崩れ。
四、ときに間合、機会の無視多し。攻めもなきに等しい。
五、当たればよいでは本来の切れるものからほど遠い。
審判（金在一氏）の表示の早さと内容は、日本とはかなり異なった。

総じて、日本剣道の観念からはほど遠く、現代剣道とはいえ、一風変わった内容を採用している。また台湾の剣道とも一脈通じるもの。

参加校　日体大、法政大、国学院大、専修大、東京農大
成績　日本側・最後の試合で法大が辛勝。他は敗け。

韓国側は選手交替ほとんどなし。驚き強し。体力抜群、相当激しく鍛えられている。これに対し、日本学生やりにくいの声多数で、将来を慮るほどである。韓国の学生は勝つための剣道と思える。試合に勝つことへの執着凄し。

かばった稽古はいかぬ

中倉清範士（東京）
平成元年〜三年くらい（年月日は不明）

気力、迫力ともに充実、どんどん攻め、間を詰め、打つ体勢。右足左足の前後は関係ない。（とくに

晩年になるほど）左半面、左足前右胴など、よく強く打たれた。

「かばった稽古はいかぬ」

日体大寒稽古で思い切り懸かったつもりだったが終了後師範室で（私は六十歳代前半）、

「君はまだ足をかばった稽古をしている。立ち上がったら思い切って打て。さもなくば打ちは生きぬよ。このままだとこれで終わるよ。また相手にも失礼。手加減されたら終わりだ。痛くて無理だったらやめろ。見るのも稽古だ」

と、厳しく教えられた。

右膝半月状板損傷、右側じん帯損傷という当時としては快復不能の大けがで入院一ヶ月余。夏休みで治療、卒業は無事（今でいう単位不足ながらお情けで戦時下、半年繰り上げ）。

教員一年余、のち軍隊へ。兵科は砲兵（山砲）。演習後、駐屯地の部隊へ帰り、火砲を防空壕に格納の際、われ足をすべらせ誤って砲身の砲口に胸を打ちつけ入院一ヶ月の事故。のち終戦で無事復員（残務整理後）。

教員に復職、バスケットボールに集中約十年。

剣道復活、三十代前後から。しかし間もなく右膝痛が再発。チューブで固定。水が溜まる、抜くの繰り返し。だんだん左足へ痛み、水溜まるの状態移行。足をかばうが右、左となる。とくに五十歳代以降、ほとんど右も左も同じ痛さを我慢する。歩けない痛さ以外は、稽古を続ける。

六十歳代前後から、正座、蹲踞は不能。サポーター着用。手入れは冷やし、温める。手術はせず今日に至る。痛みは去らず。

この教え以降、その後の稽古では努めてかばうを忘れて立ち合う。打てる、跳び込める。かばってやっても思い切ってやっても痛みはすべて同じ。有難かった。今日でも曲がりなりにできたことに自分ながら驚くほど。

私の転機切り落とし

滝澤光三範士（神奈川）

われ四十歳代初め教えをこう（年月日不明）。先生、警察大学の学生を引率して日体大の道場へ稽古に見えられた。私は三十歳代から稽古をお願いしていた関係もあり、お願いした。

いくら気を張り強く攻め立てて打っても、面を打たれ、ときに軽く受け流された。じきに息もあがり、懸かり稽古、切り返しで終わった。のちいかにしてこんな小柄の先生に打たれるのか、いつものことながら考えさせられ、嫌になるのだった。

全部終了解散後、私は思い切って今までのこと、今日のやりとりをお話し、今後のことをおうかがいした。

このことは、ひとつの時期、区切り、次への挑戦といった重要な転機となった。

「よく質問されましたね。今までどんな勉強をされていたか、陰ながら拝見していましたよ」

と先生は言われ、次のようなことを話された。

「一刀流の教えに『切り落としの技』がある。たいへん良い教えで私も十年余、一所懸命に研究しました。それをあなたに簡単に明かすのは惜しいが、今日の質問でその段階にきておられるのを感じましたので申します。(と前置きされながら)相手の正面打ちに対して、合わせて遅れても、そのまま真っ直ぐに相手の面、竹刀を目がけて打って出なさい。そのとき退いたり、受け(その場打ち)だったりではいけない。始めは打たれるかもしれぬが、経験を積むと逆に相手の竹刀を切る。すなわちしのぎで切り落とすことによって面が打てるようになる」

初歩とはいえ、大切なことだった。

私が長年、先生に面を打たれていたのは、ほとんどこの技であった。以後どのくらい懸かったか不明だが、合わせる切り落とし技が呼吸とともにできるとあまり打たれなくなり、「この頃は、あまり打たせないね」との言葉もいただき、有難い限りであった。

これに取り掛かって以降、出るとかさばくとか、自然に楽な展開を意識するようになった。

学生時代読んでいた本に、赤でアンダーラインをつけていたのを見つけたが、見ただけで実際はやっていなかった。理屈だけでは駄目、自得の大切さも知った。

現学校の指導要領に打ち落としの技はあるが、この切り落としとは似て非なる内容である。

撞木足の指摘

小中澤辰男範士（横浜公武会師範）

一、撞木足の指摘

先生は口が重いわけではないが、あまり言わない。剣道のことでも口を開かないほどである。三十歳代から四十五歳頃まで、横浜市剣道連盟の道場で行なわれる公武会の稽古会に、週二～三回、夜分に通う。ただ自分の稽古としてお願いした。当初は疑問、質問、工夫とか一切ない有り様。疑問点。体が正面打ちの際、左側に開いているのではないか。先生の剣先は常にわが胸部にあり。肋骨に痛みあり、医師へいくとヒビの入っていることもあった。

この質問に対して、先生いわく「右手が強く左手が浮く。体が右半身のようだ。撞木足がかなり目につく。胸部の痛みはこのためでしょう」

対策。日々稽古に反省。強く足を意識し、足を注意する。

三年ほど経過。どうでしょうか。「まだまだ」の一言のみ。

また三年経過。どうでしょうか。いわく「少々あわてると横向きになる」の一言のみ。

四十代過ぎ、心がけて十年くらいの経過。どうでしょうか。対していわく「この頃は、あまり打たせませんね」の一言のみ。これは考えさせられた。

二、自己反省

若い頃から先生の面打ちは素晴らしい。京都武徳殿での試合、大きな打ちは道場の半分ほど送り足のすり足、これは見事だった。打たれると大山がゴロゴロと崩れながら押し出して来る如く、逆に打って出ると大きな岩にぶつかるが如し。私はくたくたと崩れる息遣いになったものだった。また攻撃時、いかにしても左足はどうかの意識強く、防御中心になっていやしないか。もっと捨て身で打ちなさいといわれているのではないか。

工夫（電車、バス、学校、家でも熟考）

一、左足の引きつけを正す（撞木足矯正）

突きを繰り出す際、諸手、片手を問わず、道具のつけないときでも、かなり意識して何十回、何百回も腰・足・姿勢を正し、引きつける。

二、先生脳出血で療養後の稽古では、攻めは強いが先の技はほとんどないことに気づいた。先生との稽古の際、先生の応じ技には恐れず。

三、対して、応じ技はこれにうまかったが、われは守りはいらない。思い切り懸かることを誓う。

その後、四十五歳頃から少し稽古も試合もおもしろく感じるようになったのは事実である。

四十八歳、八段制度になり、推薦制から審査で合否を判定するようになったが、私は未だしと思い、今まで以上に思い切った打ち、左足矯正を心掛けた。

四十九歳のとき、先生に八段受審をすすめられたが、私の剣道ではとても、と返答した。

五十歳になった。先生いわく「今年は受けなさい。良いときはあまり長くない。今が良いです……」と。私はずうずうしくも失礼を省みず「合格の可能性はどのくらいでしょうか」とおたずねすると、先生は「七・三で合格」と。これは、あとにも先にもえらく自信につながった一言であった。

八段合格

打つ、打たれたの感じはあまりなく、淡淡とした立ち合いだった。一次審査も二次審査も平常心。相手の方は不合格で、自分だけ合格はお気の毒の気持ちだった。

のちのち、この若いときからの撞木足矯正が（体で覚えさせた大切さが）自覚と自得につながったことはいうまでもない。

かつぎ技を自得する

杉江憲範士（京都府警師範）

一、見よう見真似

先生は毎年京都大会の折、試合中見事なかつぎ小手から面への二段打ちを必ず打ち出され、決められていた。私はそのたびに深い感銘を得たのである。いつしかその魅力に取りつかれて、よし私もあれをやってみようと決心した。

その後の稽古は、自覚して励んだ（鏡の前で何回となく繰り返し確認。頭の中に思い描いた）。

この技は教えの通り、かつぐと打ちはひとつとし、この小手が決まれば鮮やかで、失敗すれど相手の心胆をおびやかし、構えを崩し、正面への打ちがより確実に大きく打てるのを覚えた。どのくらいかかって打てるようになったかは不明だが、今日時折、このかつぎ小手の出るのはそれゆえか。

またかつぐをせず、二段打ちの小手〜面のタイミング、拍子がよどみなく取れるのと、タンタンと時間的に間を置きうまくとれるのも、相手によっては有効な打ちだと知った。

とくに左足の引きつけは重要で、体のさばきにつながり、先生の二段打ちは、足のさばきに打った後により現われ、あとのすり足は試合場の半分は突き抜ける勢いがあった。

二、試合で役立つ

五十七歳のとき郷里の長野で国体があり参加。（二十日ほど前に強化のための試合中、左腓腸筋を切り、稽古もほとんど出来ず、熊本の東西対抗の試合も欠席）臨んだ。

試合前日、軽い調整の稽古で違和感を覚えた。とてもテーピングくらいでは駄目だと、心配で嫌な気分だった。

翌日一回戦、少し立ち合って、とても跳ぶ打ちは出来ない状態であることを知った。いかんせんとしようとその場でとっさにパカッとした強い打ちを打たないと有効打にならない。それには一本打ちのかつぎ小手しかないぞと心した。

相手は長崎県の岩永正人八段。大柄でよく攻め打つ方である。大将戦で一本勝ちでもと負けられない一戦となった。

ところが何と全く同じかつぎ小手が二本決まり、一回戦をものにした。うれしさより驚いた。以後、最終日の三位決定戦まで接戦で、大将戦が続いた。このかつぎ小手があまりにもよく決まり、またまた驚く。経過は二日目の二回戦より左足での踏ん張りが出来ず、やむなく構えは左足前の変則構えとなり、右足一本の支えとなった。監督も見かねて棄権をすすめたが、足なんかどうでもよいの決意で何とかやり終えた。相手には悪かったと反省した。この技を覚えたことは身にしみるほどの有難さだった。

あとにも先にもこれ以上の厳しい試合はなく、このかつぎ技なかりせばの強い思い出である。

三、合同稽古

ある年の夏の終わり、先生は当時大阪体育大学の師範をされていたが、学生の遠征に付き添われ、日体大道場にお見えになられた。先生は膝痛で稽古はされなかった。学生の試合後、合同稽古になり、私も立ち合った。先生はそれらをご覧になっておられ、終了後、師範室で私にあなたの小手～面打ちは誰に習われたかと尋ねられた。私はあれこれ今までのことを述べ、じつは先生の真似事で自己流ですと申し上げた。先生はうなずきながら「似ていますね。自得ですかね」と独り言のような感じの言葉をつぶやかれた。

私は見よう見真似の自得をほめられて、ことのほか嬉しかった。ただ縁なしとはいえ、直接竹刀を交えた稽古をお願いできなかったのは心残りだった。

剣道自分史——横浜焼跡闇市稽古

剣道復活ヨコハマ
あの中華そばの味は忘れられない

昭和二十五年、恩師の紹介で二年ほどかかったが転任した。転任先の県立神奈川工業高等学校は大空襲で跡形もないほど焼けたという。当時、建物はバラック建てで、もちろん体育館などなく、グラウンドも名のみで石がごろごろであった。バスケットのコートも校庭の一隅にあったが、石がすぐ表面へ出てくるので、毎日合間をみて取りのぞき、生徒とともに来る日も来る日も汗を流した。個人的に横浜の教員クラブの一員に加入させてもらい、全国教職員大会やオールジャパンなどへの出場の機会を得させてもらった。

また、進駐軍の外国人チームとの交流の試合も割に多くあり、夢中で横浜公園平和球場の一角にあったかまぼこ型のフライヤージムという体育館で過ごした。ここの施設は外見より内部施設はよく、交流後の温水シャワーは快適だった。それに外国人はキャンディなど気前よく珍しいものをふるまってくれた。

バスケットのフットワークはすごく厳しく、練習でのスタート、ストップ、ダッシュなどのくり返しは、剣道のそれより苦しい感じだった。足腰などはこのときに鍛えられ、その後の剣道へのためになった特別なものと思うのである。

昭和二十七年にしない競技、同二十九年に剣道が学校で正式に復活した。しかし、授業では竹刀や剣道具、稽古の場所もなく、まったくできなかった。放課後の部活動を中心に有志生徒を指導した。とくに道具は中古品といえどもなかなか集まらず、懸命な努力を強いられた。

この復活は、躊躇なく剣道への復帰となり、その喜びは何にもまして汗臭さも懐かしく、放課後は常に生徒と一緒だった。ほかの警察や一般職種関係の方々よりだいぶ遅れたが、この復活は一大朗報となり、以降自己剣道の取り組みの新たなる出発点となった。

しない競技では昭和三十年の第十回神奈川国体に選手一人を出場させた。剣道は三十七年二月に県立向の岡工業高等学校の新設校へ転任するまで関東大会へ五回出場、インターハイにも一回出場させることができた。

剣道具不足は授業面でも学校予算はゼロに等しく、ましてや部活動ではなおのこと。余儀なく自己資金をつぎ込む以外の手立てはなく閉口した。計算はできないが相当な額になったかと思う。しかも稽古をやればやるほど痛みはひどく、授業の合間や夜間、針を持ったのも忘れない思い出である。当時、桜木町駅近く野毛山公園の坂道にあった横浜防具（岡田久行氏）には、いつも古いものばかり無理な注文をつけたが、嫌な顔ひとつ見せず協力していただいた。生徒は交替で使うのが当たり前で我慢させた。

食糧事情はパン・米穀はすべて配給制であり、かぎられた量は少なく、いつも食事時の三食は食べるそばから空腹を抱えており、このような状態で体育教師としても剣道の稽古でもよくぞ勤まったものと当時を思い出す。いまどきの若い人には食べるそばからの空腹は不明のことだろう。放課後の指導後は、定時制生徒のための地下食堂へ。もちろん米食はなく、配給券のいらない扱いは食堂のおばさんの特別配慮で、うどんかそばの一食かぎりだった。生徒ともどもこれで我慢し我慢させた。この食費はわが負担とし、月末払いはいつも不足の金欠症を嘆いた。当時、湯河原や小田原、相模原などの遠隔地からの生徒のみに食べさせた。近くの者には我慢させたが、月末を考えるとやむを得ない手だてだった。

生徒と別れ、それから横浜公武会（平和球場の観覧席下）での稽古へ週二～三回目標に通った。ここには神奈川県立商工高校（武専出）の小中澤辰男先生が師範でおられ、そのほか、警察ＯＢの井上研吾、小野政蔵、小野乙三郎などの立派な先生方と一般の先生方もよく集まっておられ、その内容も場所も私の学校にも近く、恰好の稽古場所だったのは幸いだった。

ここでの稽古後、倹約のため市電に乗らず約十分あまり歩いて桜木町駅近くにある、押せば動くような小屋がけ程度でバラック建てのラーメンだけの小さな店に寄るのが楽しみだった。券はいらぬ。だいいち安い。ものすごくうまい評判のいつも客の並んでいる店だった。たった一杯限定は残念だったが、大空腹だけに楽しみの夜食だった。その店の名前は「養成軒」、のちに伊勢佐木町に自社ビルを構えて大成功を収めている。後先あまりにも印象深い事柄である。

公武会への稽古は武者震いするほどの気持ちが高まったことがある。しかし、それは正直恥ずかしいが稽古より終わってからラーメンが食べられるほうへの武者震いのようだった。

神奈川工業高校での十二年間在職中、この食べ物と道具の調達は、好きなことのためとはいえ、お金とのたたかいでもあった。

信州長野の寒稽古
母が暖めてくれた剣道着で皆勤す

わたしは大正十二年一月二十日、長野県長野市南石堂町に生まれた。長野駅のすぐ近くである。父慶作は鉄道員といえば聞こえはいいが、当時客車をつくる材木を調達する役目とし、出張といっても山へ入り、その材を幾年か前を見越して見極める、いわば木こりである（もともと木こりを職業としていた）。したがって山から山へと数か月にわたることもあり、普通の勤め人とはちがった。真面目で黙々と働くタイプであり、子どもらにも叱ることや何かあまりいわれたことは記憶にないほどである。

母らくは、男六人女一人の七福神を産んでくれた。鉄道員の給料は安く経済的には恵まれずで、食べ盛りの子どもを抱え、親類の家へ農作業などをよく手伝いに、今でいうアルバイトに専念し、父親不在の家庭をよく守ってくれたやさしい反面、気丈な人だった。

長女かついは、経済的に苦しいからか、小さいときから自動車工場へ住み込み、整備士だったようだが、わたしの知っているかぎり、ハイヤーの運転手をしており、ときに乗せてもらったこと、バスやトラックの運転をし、長野から碓氷峠を越えて東京へ、少しでも金になる職種を選んだようである。長野県女性ドライバーの一号とかとも聞いた。

わたしは長野市立山王小学校六年のはじめに、次兄に連れられて青年学校（夜学で商家の徒弟が勉学するところ）で剣道をはじめた。先生らしきはおらず、年上らしきが数名、構え、足さばき、素振り、切り返しをさせ、基本的なのは形のみ。あとは互いの叩き合い程度の内容だった。

見学のつもりで出かけたわたしは面を着けさせられ、ヤァヤァと打ち合わされた。わたしは、体格は良いほうであったが、いちばん年少である。相手はみな年上で腕っぷしは強く、日中は主人や兄弟子たちから何かと文句をいわれている連中であるから、ちょうどよい鬱憤《うっぷん》晴らしのように打ち叩かれた。きな臭い痛さとこぶを数か所。帰宅後、濡れ手ぬぐいで冷やす始末であった。二〜三日休んでこぶがへこみ痛さもおさまると、懲りもせずまた出かけてはまたやられるで、叩き台のようなものだった。

しかし、生まれつきの負けず嫌いはそれを我慢させた。猛然と立ち向かう気力は誰に教わったわけではないが、自然になったと、のちのち思い出深いのである。

昭和九年、後町尋常高等小学校へ入学、ここではじめて飯島勝雄先生に基本中心の打ち込みや切り返し、かかり稽古などを教わった。互格稽古らしいことをしたくなると、前記青年学校の夜稽古にも通った。嫌というほど腕っぷしの強い人に叩かれたが、やめようという気はまったくなく過ごした。

二年時に長野県下学童剣道演武大会で三十名近くを破って個人優勝をした。大会は当時の中等学校の一、二年生も参加した大きな大会で、翌朝の信濃毎日新聞に掲載された。

飯島先生の大柄で大声で先頭に立っての指導は基本中心で「姿勢を正せ、まっすぐだ」と、うるさいほどだった。試合も「君の気迫の勢いは誰にも負けない。思い切って打って出ろ。青年学校で鍛えてあるぞ」と、終わってからも気迫のおかげを説いてくれた。

この先生は長野師範出身で剣道二段位、後町尋常高等小学校の熱血教師だった。

寒稽古が一週間おこなわれた。当時長野市内でも一晩に三十センチから四十センチも積もる雪の朝、二キロ近くを通った。近所の仲間がはじめは迎えにきたが、二日三日と経つと誰もこなくなり、ただひとり皆勤をした。

母親は毎朝がんばりなさいと前の晩から炬燵《こたつ》で暖めてくれた稽古着を渡して激励をしてくれた。よしやるぞと気を引き締め、外へ出た。手足はかじかんで感覚はなく、寒く冷たく痛いのも通り越すほどだった。大人になって日体大の寒稽古へ向かう自転車での四十五分は、これに比したらまったく話にならないのである。

母の暖めてくれた稽古着は火の気のない更衣室ではその暖かさが身にしみた。仲間のぶるぶるふるえながら、「倉澤、お前は寒くないのか」と着替えるのをはた目に、ちょっとうしろめたさは子ども心にもあったが、それ以上に有難かった。いまとなっては過保護だ甘いといわれそうだが、続けられたのはみな含めてこの母のおかげである。

更級農学校北村録男先生
長野県警小泉巳丑治先生に師事する

昭和十三年、長野県立更級農学校へ進学。ここで北村録男先生に鍛えられた。北村先生は長野県警察官で嘱託教師、戦前は専任の教師もおられたが、多かれ少なかれ学校の剣道指導者は警察関係の嘱託教師が当たった。先生は長野中学校から警察官、京都武専の講習生、帰郷後まもなく赴任された。

小柄なるも俊敏そのもの、癖のない打ち方は印象深い。若手の四段、独身で張り切っておられた。指導はあくまで大技で真っ直ぐ、示範をよくされていた。人柄も明朗闊達、真面目な方だった。

小泉巳丑治《みうじ》先生は警察官、京都武専講習科を経て、長野刑務所教師、県立長野工業学校嘱託教師をされ、長野県の中堅若手の指導的立場の方、達士六段。容姿端麗、上品な構え、口ぶり、人間的にも立派。戦後、京都大会など審判員をつとめられていた。生徒への指導は羨ましいほど丁寧親切さを覚えている。

わたしの日体大への進学もこの方のすすめである。個人的に指導をいただいた。

日曜日の稽古は長野刑務所へ、師範である先生の誘いをいただき、所員との稽古は有意義であった。終了後の風呂は背中を洗っていただき、何か突然えらくなったたいい気分となった。

長野県中等学校剣道大会で団体優勝をした。一年生で副将、ほかは三年生と組んだが、青年学校での経験は気迫の賜物で、技前より大きかったと思う。この後二、三年と進んだが成績は鳴かず飛ばず、少々嫌気を持った。しかし、こんなではだめだと下級生や仲間に上級生に熱の入った稽古を提案したが、ほとんど通じなく、やむなく次第に他校へ個人で稽古に出向くようになった。

小泉先生に親しく前以上に声をかけていただくようになったのはこのためである。また、その他の先生方にも覚えられ、何かと数々の教えも有難かった。

日本体育専門学校
戦時下最後の学生大会で優勝する

わたしは昭和十六年四月、日本体育専門学校本科生の第一期生として入学した。中学校剣道科教員養成資格の免許状取得の国家試験（試験官として文部省派遣で佐藤卯吉先生が見えられた）に昭和十八年に合格した。以降の卒業生は無試験だったが、戦後は剣道追放で何の価値もないものとなったのは残念だった。この試験突破のため一期生として強い期待をかけられていたようである。

日常の朝夕の稽古のほか、日曜日は森正純先生のすすめで持田盛二範士の講談社野間道場への朝稽古、終わって中倉清先生のすすめで中山博道範士の有信館道場への午前稽古に参加した。もちろん大先生方にはとうてい稽古はお願いできるはずはなく、三十～四十歳代前の若手の先生方へは思い切り懸かった。とくに中山善道先生との稽古中、ある日、目がまわって意識不明、倒れた激しい稽古は忘れない。羽賀準一先生、中島五郎蔵先生……みな荒稽古だった。昼食はここで持参の握り飯を食べ、世田谷の寮へ帰った。

一回生として国家試験受験のため、学校側先生方先輩上級生など意気込みは厳しく、われわれ学生も自覚をし鍛えられた。苦しくつらかった日々がつづき、入学時には二十五名いた同期生も卒業時には十七名になっていた。やり抜いて試験突破の喜びはなにものにもまさる思いだった。短い二年半（戦時下で学生の半年繰り上げ卒業）取り組みは将来とも実に濃いものになった。

これらの経過を通じ戦時下最後の試合になった、第六十六回東京学生連合剣道大会が、昭和十七年十一月二十二日、早稲田大学二階道場で参加四十三校をもって開催された。東京高等師範学校、法政、慶応、早稲田、専修といった四年生のチームを向こうにまわして二年生チームのわたしたちが幸運にも優勝できた。東京高師には伊保清次、谷口安則、奥山京助の三羽烏に佐藤義太郎という技の切れる人が中堅にいた。そんななかでの優勝だったので、厳しい稽古の賜物と皆で喜びあったが、試合稽古など全然なしで不思議に思うほどである。当時、大会は年に一回か二回あるかの程度で稽古に専念できた時代だった。

当時の恩師について記してみる。

森正純先生　武専卒、警視庁勤務、四十五歳。偉ぶらない人柄は人を惹きつける親しみを感じた。無理のない稽古の使い手であった。

戦後に片手突きを拝見したことがあった。あれと思った。戦前一度も見たことがなかったからだ。わたしは戦争で足に銃弾を打ち込まれたその辺のカバーと思う。持田先生の片手突きによく似て、力でなくスッと軽い感じは機会をよくとらえていた。先生は武専の後輩で持田先生には戦前から稽古を願い私淑し、京都大会の宿舎も一緒であるくらい、その影響は大きかったと思う。わたしには精神的支柱の方である。

中倉清先生　皇宮警察剣道教師、三十歳。当時剣道界で一番若く教士になった若手バリバリで上段も得意としていた。

気力、迫力は満点、どんどん攻め打ち許さない剣風は荒稽古、片手面は両手と同じように強く打ち、ときに諸手突きでは戸外へ突き出す凄さ、同期の学生やわたしなどもたびたびであった。

晩年になるほどに右足左足の前後は関係なく、とくに左足前の胴打ちは悩まされ、よく打たれた。

「稽古の打ちは思い切りだ、捨て身だ」と、打つ剣道そのものを体現されていた。

伊澤善作先生　暁星中学校教師、四十歳前後。日体の大先輩で修道学院で修行され、当時、中延にて修道館道場を開設されていた。

「手を離すな」これは今日になっても離れぬ声である。こっぴどい指導を受けた。胴を打ち、体の入れ替わりに離してもその手を叩いてくる。左手を右手にくり上げるのは認め、これ以外は許さない姿勢であった。いまは高段の方に、無造作に左手を離し気分をゆるめた姿を見ると、こんな稽古でと思い出すのである。

戦前の稽古はいまから考えるとかなり乱暴に見られるのに足掛けで転がす場面があった。先生は得意のようで、鋭くサッとおもしろいように学生を転がしていた。不思議に頭を打つとか、ケガなどの事故のない足掛けだった。接近したら、いかにこれに掛からぬかが始終頭にあった。そしてだんだん掛からぬ態勢や心構えを体で覚えたのは有難かった。先生は足掛けで事故を起こすなど未熟者のしわざで恥ずかしいことだといわれたことがある。

戦後の剣道禁止時代
バスケットボールで足腰を鍛えた

わたしは昭和十七年六月に教練の授業で走行中転倒し、右膝半月状板と右側靭帯の損傷という事故で入院した。当時の医療では手術はなく再起不能のケガとされていたが、北千住の名倉堂の医師のおかげで退院でき、リハビリに専心した。剣道の実技は見学、もどかしさでいっぱいだった。まもなく夏休みで帰省し、だんだん松葉杖なしで歩けるようになった。九月はじめには登校した。しかし見学ばかりで戦時下、学生の半年繰り上げ卒業が九月二十一日と聞いていた。卒業を心配していたが、幸い諸先生方の奔走で卒業させてもらった。

話は前後するが、七月下旬頃、徴兵検査があった。徴兵官は本学の配属将校手代木中佐であり、すでにわたしのケガは知っており、徴兵延期とされた。同期生はみなこの半年後には兵役へ、とくに海軍予備学生への志願も多く、ひとり残されたわたしは複雑残念さを味わった。

卒業後は長野へ。無理はできなく約半年近くをリハビリに専念した。そのあいだにおいて市内散歩中に、長野中学校勤務の千葉九吾先生に出会った。「いま何している?」と問われ、いままでの経過を話した。すると「ちょうどよい。体育教員の不足で困っている。明日、履歴書を持って学校へ」と誘われた。

足の心配があったが、顔だけ出そうと出かけた。すでに校長、教頭さんなどに話してあり、その場で採用決定の運びとなった。約一年近く勤めたが、足のほうは日に日に回復、授業もこの先輩のおかげでなんとかでき、剣道のほうも一緒に部の先生となり、充実した生活に入った。

また年内に軍隊の志願制で陸軍特別甲種幹部生の募集を知り、年明けの検査に応募した（合格）。千葉先生は再度の召集で、やはり年明けの三月頃、勇躍陸軍中尉の軍服姿を長野駅頭でお見送りした。

九月、わたしは前橋陸軍予備士官学校にいきなり伍長で入校し、砲兵隊に編入され厳しい訓練は半年で卒業した。この間、不覚にも栄養失調となり、陸軍病院に入院の憂き目にあった。この時期、クルップス肺炎も多く、病死の仲間を失った。

卒業後は石川県金沢市に東部第七十五部隊へ転属となった。昭和十九年三月下旬頃、前橋から東京経由のさい、東京大空襲の焼け跡の惨状を車窓で偶然目にした。渋谷駅通過で声にならぬ衝撃を受けた。八月、敗戦という古今未曾有の体験をこの部隊で迎えた。十月下旬まで残務整理ということで残された。その後、無事に郷里長野へ帰った。

復職は兵役につく少しの期間、嘱託教員として県立更級農学校に長野中学校と兼職していた。母校でもある更級農学校に挨拶にうかがうと校長さんは教員不足だから明日からでよいからと強いすすめで承諾した。いとも簡単に教員生活になった。長野中学校へも挨拶に行った。同じようなことをいわれ、若者の教員不足を知った。本務はこちらだとも強い調子でいわれ閉口、万事休した。

敗戦後、剣道は各国連合軍による占領策下軍国主義の象徴として追放の処置だった。とくに学校では竹刀をはじめ道具類はすべて没収、廃棄焼却された。体育館の床ははがされ旋盤など設置され、軍需工場化していた。グラウンドは麦や芋畑などと化しており、用具類はすべて配給制で少なく、不備不満足は極まるもので、その活動は大きく制限された。当時の生徒諸君には、よくまああんな授業でと慙愧《ざんき》に堪えないものであった。

クラブ活動では野球、バレーボール、マラソンなど、できそうなものから手当たり次第はじめた。いちばん生徒と一緒になり取り組んだのはバスケットボールだった。

横浜公武会へ出稽古
突かれて肋骨にひびがはいる

しない競技が昭和二十五年に発足した。これは剣道の復活を願う一手段としてやむをえない情勢だし、それなりに功もあったと結果的に認めざるを得ない。しかし竹刀は十六割で布袋をかぶせた軽い弱いものだった。面、小手、胴の防具と服装もフェンシングもどきの異形な感じであり、ルールも時間内で本数多くのポイント制の欠陥は、軽い当てっこの数打ちや引き上げのため、剣道への移行後もそれらの悪癖が残された。余儀なきだったが功罪相半ばするものだったと思う。苦労されて発現された先輩先生に失礼だと思うが、剣道の復活後は泡のように消え去った。

わたしははじめて文部省のこの講習会に県当局より派遣された。昭和三十年、第十回の神奈川国体へ、剣道との併行種目だったが正式に採用された。生徒に教える立場上からも少しは自己も竹刀を握ったが、いかにも違和感が強く本気になれなかった。この用具類は借用物（当時川崎工業高校に勤務されていた柴田鉄雄先生。平成十六年十二月十三日逝去）だったが、その請求もなかったのでついに返せずじまいとなってしまった。国体しない競技の神奈川県の大将石川順二氏と藤沢の秩父宮体育館のリハーサルで、突然壮行試合の相手をさせられ、ポイントをかせげたのが唯一の思い出である。

昭和二十七年にしない競技、同二十九年に剣道が学校で正式に復活した話は先に述べたが、稽古のことを考えると、わたしは本格的には他の方々より約十年間の遅れを認識させられた。

追放の剣道で一番やらなければならぬ二十歳代は、バスケットボール中心の生活だった。三十歳代の少し前頃に近くの消防署の道場でたまに竹刀を握っていたが、とうてい稽古らしいものではなかった。それだけに焦りもあり、生徒への指導とともに自分の稽古を意識させた。

生徒との切り返し、打ち込み、かかり稽古は組やグループの中に入って一緒を心がけた。学生時代とほぼ同じだった。生徒を帰したあとの横浜公武会での出稽古もほとんど懸かる側であり、先のかかり稽古が中心だった。

とくに師範の小中澤辰男先生との稽古で息も上がり、だめだ、やめようと思うと、「ハイ三本！」と、声をかけられ、あまりにも勝負にならない苦しさは学生時代と同じで忘れられない。また時には打たれれば打たれるほど、もう一本もう一本と懸かっていった。先生は根負けして「良い打ちだ、参った」で、やっとやめるときもあった。あとで先生は「倉さんのもう一本は長いねー」と、いわれた。

さらに撞木足の矯正に努めたのもこの時期だった。わたしの面打ちは左手が流れ、右手が強く右半身の形となり、攻めの弱さもあって、先生の剣先は常にわが肋骨付近にあった。これを何回もくり返した。終わって帰宅後、胸部疼痛は呼吸が苦しく、稽古を休むやむなきもしばしば……。肋骨のひびも医者に指摘された。撞木足の矯正はかなり時間がかかったが、過ぎし日は厳しくも懐かしい。

日体大師範
寒稽古ペダルも重し多摩の橋

生徒もわたしも稽古は基本重視だった。打ち込み、切り返し、かかり稽古を中心とした。互格稽古でも相手に先を打たれないこと、しかけ技を常に心がけさせ、気迫、根性は七分、技は三分で充分だと強調した。これによって出端、退き端への打ちを覚えるのに必要だからの思いは強い。待った態勢の生徒には厳しい注文をくり返した。三十～四十代の稽古としては他に遅れただけに、上手に懸かる厳しさは当然とした。苦しくないといえば嘘になるが、道場に入ればさして苦としなかった。試合など時々出していただき、ちょっぴり嬉しい場面も感じた。昭和三十七年、川崎にある県立向の岡工業高等学校へ転任後も、電車バスで遠くなったが、横浜公武会へは多少の無理をしても通えたのはありがたかった。

日体大も自宅、学校から四十～四十五分と近くなったので、暇をつくって自転車のペダルを踏んだ。なんとくに、小澤丘先生、中野八十二先生、鶴海岩夫先生の武道学科のご指導の日はお願いに通った。なんとしてでも、たったの一本でも懸かったものである。雨や寒さも苦にならず、なかでも寒稽古の十日間は一日一日特別講師が見えられ、お願いする絶好の機会はありがたく、のちのちえらくためになった。

ここで一句。

寒稽古ペダルは重し多摩の橋

戦前も戦後も日常稽古は来る日も来る日も朝に夕に、基本重視に切り返し、かかり稽古ばかり変わりなく、先生や先輩方へ懸かって懸かって打ちのめさせられる毎日だった。大技で遠間から小細工のない、試合もない、勝つとか昇段、栄誉とか縁のない懸かりだった。

当時の森正純、中倉清、伊澤善作の先生方は技の少しは教えられたかも知れないが、わたしは不肖の弟子でほとんど教わったという記憶もない。覚えの悪い出来の悪いものだった。剣道とは日常の稽古はこんなものと疑いない態度として厳しく過ごした。ただ一心、ただ真剣だった。

基本重視の一環として、稽古のできぬ日は素振りを心がけた。職場環境や家庭の都合とかとはいえ、剣道のためには無為に過ごせないとした。

竹刀の場合は少し多めとした。刀（二尺八寸三分、一キログラム）を主としたが、二百本くらいを目安にした。膝が痛い。天井が低い。雨で外で振れないときなども、安座を組んで行なった。重すぎて、はじめたとき手首を痛めたので回数を減らした。小太刀のすり上げも、裏表連続で五十本くらい。ときにはブラジル製の重い木刀も使った。時間もいくらもかからず、冬でも大汗を経験した。

わたしは稽古をしたというイメージ程度であったが、それなりに効果は得たと思う。決めた日に稽古をやらぬのは翌日に余計やってもやったことにはならぬという心持ちからであった。

長野やまびこ国体
右足一本で決めたかつぎ小手

昭和五十三年十月、長野県中野市民体育館で開催された第三十三回国民体育大会剣道大会に参加する約一か月前、茨城県で関東地区強化のための試合中、左腓腸筋を切った。はじめてであり、そのまま左足を前にした変則な中段の構えで対戦した。少しも動かず打てず痛いで、引き分けた。

後ろ患部を冷やすのみで閉口した。足を投げ出し少々の素振り程度で、九月下旬、熊本の東西対抗も急遽棄権をした。

跛行し少し歩けるようになる。立っての構えも通常となり、心配だったが本番へ臨んだ。

前日の軽い調整で患部への違和感は強かった。約一か月近く面をつけなかったので、ずいぶん乱暴な対応は心苦しく感じた。嫌な気分となった。とても踏み込める状態ではない。痛み出したことを知った。こんな状態ではチームにも悪いし相手には甚だ失礼と心中去来した。

翌日の緒戦（一回戦シードのため二回戦）は大将戦となった。一本勝ちでもしなければと追い詰められ、機をうかがった。この足では動けず、とっさに浮かんだのは、足は使わずとも、その場ではパカッとした強い打ちでないと決められないぞ、かつぎ小手しかない……と。思い切った一本目が相手の手元を上げさせて決まった。二本目もまったく同じだった。

緒戦を突破した嬉しさより驚いた。以降、最終日の準決勝戦まで、すべて大将戦という接戦だったが勝ち上がることができた。

二日目からはいくらテーピングをしても痛みで踏ん張れず、変則な右足後ろ一本で支えた構えで対戦した。監督もとても無理を感じたか、再三棄権をすすめたが、倒れるまでやると、我慢した。内容はすべて一本勝ちで右足一本でのかつぎ小手を決めた。準決勝戦は大敗の四対一だった。つづく三位決定戦も大将戦となり、すべてをかけたが延長戦でかつぐ端の小手を打たれ、万事休した。

この大会で打たずとも相手剣先、とくに手元を押さえ打たれぬわが剣先の働きが精神的にも少しわかったのは収穫だった。それぞれ相手はおかしな変則構えでやりにくかったか、それとも同情されたのか、皆目不明だった。あまりにもかつぎ小手がよく決まったので驚き、この技を身につけていたことと、ほかの多くの技も覚えるほどよいという教えが心に沁みた。

後にも先にも、これ以上の苦しい試合はなく、かつぎ小手なかりせばと強烈な思いである。

これを覚えたのは杉江憲先生（京都府警師範）の見よう見真似で、先生は京都大会で試合中一回は必ずというほど二段打ちを打たれたが、相手竹刀のやや下側から大きなかつぎ小手、つづいて大きな面打ちに深い感動を刻み込んだのである。いつしかその魅力に、よし自分もやろうと心した。どのくらいかかったか不明だが、よい感触を得て励んだ。

先生の二段打ちは足のさばきにもより現われ、打ったあとの左足の引きつけ、すり足はよどみなく素晴らしく、試合場の半分ほどは突き抜けるがごときは見事だった。

ある年の夏の終わりに先生は大阪体育大学の師範をされており、遠征で作道正夫先生に付き添われ、日体大へお見えになった。

試合後、合同稽古となった。先生は稽古をされなかったが、ご覧になられていた。終了後、師範室で雑談の中から、わたしに「かつぎ技はどこで?」と問われ、わたしは前記のごとく今までのあれこれと先生の見よう見真似ですと申し上げると、うなずきながら「自得ですかね」と、独り言のような感じのことばでおっしゃった。自覚とか自得を大切にせにゃあいかんなと誓った。

心に刻んだ両師の稽古
高野弘正先生と小澤丘先生

わたしは遅れたと思う二十代、三十代の約十年間を埋めるべく尽くしたが、冷静に考えても今日何か諸々の足りなさである。

高野弘正、小澤丘両先生の稽古をときに思い出し、求めたこともあるが、わたしごときには届かぬのは残念である。

昭和二十八年頃、「剣道研究会」と称して毎水曜日の夜、神奈川県立武道館で神奈川県の錚々たる多くの先生方が集まり、高野弘正先生もお見えになっておられ、絶好の機会といつも最初に懸かった。先生との稽古は、咽喉がカラカラに渇き、ひきつき、息の上がりは早く苦しく耐えようもない厳しさであった。四年ほどで会は解散したが、先生のまったく力みのない自然体での攻めは瞼に焼きつき、懸かる大男を次々攻めあげ、追い詰めるのは感銘深しだった。

小澤丘先生からは「位は大納言、技は中間小者のように使え」と、しばしば耳にした。小柄の体だったが、体さばき（足さばき）が素晴らしい。お願いした稽古はすべて体を当てさせない。拝見していても、とくに左足はまっすぐ教えどおり軽妙そのものであり、相手を休ませないという剣風で、ときに諸手突きなどパッと出され、命中は鮮やかだった。総じて昔から小柄の先生方の足こそ命と思う。

試合の過多、スピードに頼る数打ち、軽い当て打ち、平打ち、勝負へのこだわりからの無駄打ちは、刀を知らない方々の時代となり、竹刀を刀として切れる剣道の扱いとはいえ、居合道や愛好者一部の試し斬りの他は、それらを経験しない多くの剣士は、刃筋や鎬の作用さえ知らずに経験していく剣道は難しい。勝つ剣道への指導者も加え、父兄の過多過敏喧騒の応援、栄誉への期待や執着などは淋しい。

勝つために熱心な指導はいささかも否定するものではないが、同時に自己資質向上への取り組みは、道場へ立つ多くを認めつつも師弟同行とはいえ、厳しい稽古内容はいつどこで、を思うと、一部のエリートや環境良しのみにまかせての剣道ではないはずであろう。

諸々の環境、内容、年齢など考慮され、日々自身それぞれ工夫、錬磨、対処すべきはいうまでもないことである。

古来長い間、仏教、儒教、神道などの影響から、武士道として生死を賭け、錬磨し発展してきた剣道も時代の流れとはいえ、微妙なる変化に抗し得ず、古きを守り現状をも守ることすら難しく推移すれば、単なるスポーツ化していくことになってはと、わたしのみの杞憂であればよいが……。

道元禅師の教えに「仏法者の修行は仏法のために修行する」と。栄誉、地位、権力などとは邪道であると説いており、剣道者の修行は剣道のために修行すると、そのまま当てはめて修行したいものである。何かにこだわれば心が動き、体を硬くする。これを捨てる心が、無着と思う。只管稽古に打ち込むことができれば素晴らしいことだ。

山岡鉄舟の「心で心を打て」さすれば刀はいらぬ。先生の剣道はと問われれば浅草の観音様にあずけてあるとの高い心境の武士として浮かび、生涯人を切らなかったともいわれ、人命は尊しとの権化と受け止めるのである。

勝つも負けるも、相手を認め、尊重とは和の心であり、道はひとつであろう。人間尊重の誇りと感銘深しとするところである。

半分は自己、半分は相手のためである。ただ勝負のみに偏した人格では互いの幸福に成長するはずはないのである。

武士道は人造り、道徳であり、究極は平和への希求であろう。わたしは稽古の行きつくところ、無刀の心境が理想である。「只管稽古」「生涯錬磨」は、老いるほどに尋常一様でない。若い人との交剣は厳しく、とくに体調とのたたかいは生易しいものではない。わたしの実感であるが、修行に挑戦する日々である。

（「剣道時代」二〇〇五年三月号・四月号掲載）

あとがき

六十歳以降、元立ちに立つことが多くなった。懸かるが受けにまわった如き感じが多くなった。言い訳にならぬを承知で記したところもある。要領も不明、まままならぬ。これで良いのかの迷いもあった。

相手もほとんど若い方だった。打たれている場面もあり、これはいかぬとの思いもあった。しかし、負け惜しみではないが、少しは打たせにゃあならぬの気分もなくはなかった。いつしか安易に立ち合うこともあった。よろしくない事実である。

これがそもそもの間違いのもと。稽古後の感想や次への反省、工夫さえおざなりになりメモすら取らぬようになった。特殊な場合を除くと、ほとんど記録がないのである。その不覚さはいくら責めても後の祭り、もどかしさは今日になってはいかにもならぬのである。

古くからの教えや、いわれていることなど、元立ちを通じ、のちのちその手法なりを勉強させられた。過ぎたるは及ばざるより悪しとした。

一、始めか終わりに少し打つも、あとはほとんど打たせる場合があるが、これは懸かる者に安易な気分をいだかせるので、ほどほどといえよう。

二、いくらでも打たせ打たれるが、まだまだの掛け声で打たせる稽古もある。

三、構えを崩さず、打たせず、攻めも強く攻めつけて呼吸をさせないほどに追い詰め、羽目板を背負わせるような稽古は、広い道場、体育館ではちょっと無理である。狭い道場などではよい。旺盛な体力、気力などの養成になるであろう。
四、全面的に打たせずも大切な稽古のひとつであり、それも必要ではあるが、相手の力量を早く把握して、ほどほどということも考えたい。
五、立ち合いは、対等の気分とし、強からず、弱からず、相手をして常に積極的にやる気を引き出すことが大切である。相手のためになる稽古をすれば、自分にも良いことがあるなども気づくのであった。

恥ずかしくない剣道は、これからだ、本当の修行だと気負って取り組んだわけだが、その勉強不足は随所に見られる。浅学を露呈するばかりとなった。何を主眼とし、何を訴えているのか不明で、その時々の一部分の羅列の文となったのもある。自分勝手に他のことを考えないで書きつらねたところもあり、心残りだが自業自得とあきらめる。己れの精進の貧しさは内心忸怩たるものがある。

表現上、非礼の面申し訳なく、私の愚鈍さに免じてお許し願いたい。

八十五歳を超えた。有言無言の訓えとともに、体験した数々のことを忘れることなく、精進したつもりなるも、今となれば尚道遠しの感いっぱいである。

幕末時代の島田虎之助の「剣は心なり。心正しからざれば剣また正しからず。剣を学ばんと欲すれば先ず心を学ぶべし」を銘記して、この稿を終えたい。

この度の発刊にあたり、企画の段階から取り上げてくださり、助言をいただくなど多大なご面倒をおかけ致しました『剣道時代』編集長の張替裕氏、その上に煩雑な出版業務にたずさわれた各位に、そしてはじめから何かとご協力くださった神奈川工業高校の教え子、現相模原市剣道連盟会長で宏道館直心道場主宰の萩原征氏に深甚なる謝意を申し上げます。

【た】

【な】

【は】

索　引

倉澤照彦
くらさわ・てるひこ／大正12年長野県生まれ。昭和18年日本体育専門学校卒業。神奈川県内の公立高校（神奈川工業高、向の岡工業高など）教諭を経て、その後、川崎市消防局剣道師範、全日本剣道道場連盟専務理事、全日本剣道連盟常任理事・審議員、神奈川県剣道連盟会長、文部省高校教員検定試験専門委員などを歴任。全日本都道府県対抗、全国教職員大会、全日本東西対抗、国体、全日本選抜八段戦、明治村剣道大会などに出場。現在、日本体育大学剣道部師範、日本体育大学剣友会会長。剣道範士九段。

生涯錬磨《しょうがいれんま》　剣道稽古日誌《けんどうけいこにっし》

平成20年11月１日　初版発行
著　者　倉澤照彦
発行人　橋本雄一
発行所　株式会社体育とスポーツ出版社
〒101-0054
東京都千代田区神田錦町２―９大新ビル
TEL 03-3291-0911 FAX 03-3293-7750
振替口座 00100-7-25587
http://www.taiiku-sports.co.jp
印刷所　図書印刷株式会社

落丁・乱丁本はお取り替えいたします。
ISBN978-4-88458-233-3 C3075
定価はカバーに表示してあります。